# 消費変質
# エディターシップ時代の到来

[編著] 熊沢 孝 *Kumazawa Takashi*

The Age of Editorship

同文舘出版

# まえがき

マーリンズにいっても変わらない。イチローは守りもないところに鋭く球を打ちこみ、守備陣を翻弄する。今日の消費者は、総イチロー化している。マーケティングがここだと守っているところには球を打ってくれない。そもそも、マーケティングと消費というゲームの枠を超えてしまっている。

世間は長いこと、モノが売られ、それを買うというルールで動いてきた。そこで、人々はモノを買うものと思われ、消費者と言われてきた。企業の競争と消費者の選択ということもゲームのルールであった。だが、もはや人々はこのゲームの枠にすら関心をもっていないようにも見える。

確かに、人々が消費者といわれるほどの役回りを演じていたころがある。高度成長期においての、モノの豊穣による貧しさからの脱皮の熱意に満ちた時代のことである。だが、豊かになれば買うことへの関心は後退する。子供たちはモノを買ってもらってもあまり感激しないといわれて久しいが、モノについての感覚は大人も同じだ。では、現下の資本主義の発展とは何だろうか。

逆説めくが、その資本主義自体が、消費というゲームのルールから人々を逸脱させているように思える。情報化、サービス化という資本主義の極致にあってビジネスは殷賑《いんしん》を極める。だが、もはや人々は提供されるモノを買うというゲームとは違った次元で振る舞っているように見える。

もともと人々は消費者といわれるようなものではなかった。生活ということの中で工夫し楽しみ喜んでいたわけだ。生活のなかで状況をみとり、知恵を働かしてきたのである。おそらく、今の時代も変わらない。人々の生き方が、複雑になり高度化するビジネスの中で模索される。ビジネスの期待に副うこともあれば沿わないこともある。

昔から人々はそれほどボンヤリしたものではない。翡翠《ひすい》を欲望の対象とした縄文人とまで遡らなくてもなくても、江戸時代の大衆の生活の欲望、計算、知恵は今日と遜色がない。物事や状況を読み取ることと、そうして掴み取った物事を都合よく組み合わせたり変形したりする発想と行動は、連綿と続いているのである。これを今流にいうなら、物事の解読、つまり、リテラシーと、あらゆる事柄を適切に編集してしまう、エディターシップの発揮ということになる。

実のところ、こうした能力をもつ大衆には、素晴らしい環境が出来上がってきた。それが様々なビジネスと手法の展開である。特に、サービス化・情報化といわれる流れとしてあふれ出る様々なものごとが、大衆の生活の可能性を膨らませてきたのである。必要なこと欲しいものを知恵と工夫で生み出す。何かを買うということ、いわゆる消費も、その生活のエディターシップの中でうまく生かされる。

能動的消費者という言葉は少し違う。むしろ、本来能動的な大衆が、ビジネスの多様な展開を養分にして生活を、消費という枠を超えて、多次元なものとして創造しているというべきであろう。

ずいぶん前から、消費者がわからない、というビジネス側の言い方がなされてきた。消費するモノが変わった、とか、消費者が買わなくなったとか言われたものである。だが、ことの本質は、消費者といいならわされてきた人々が、伝統的な生活術や本来の生活感覚を前に出すようになったのではないか。しかも、それを、増殖するサービスビジネスやインターネットという新しい素材をいかして自在に進めるようになっているということではないのか。

そこで、本書は、以下のように、現在において目立つようになった生活上の幾つかの現象をとりあげて検討してみることにした。

第1章「生活の実践と消費者」は、本書の基本的な考え方を整理したもので、現実の消費と消費者を、普通の人々の生き方からとらえなおすことの必要性を述べている。また、このような人々の振る舞いを、変化する社会やビジネスを読み取るリテラシーと、読み取ったものを組み立てるエディターシップという観点から考えることを提案している。

第2章「リユースの生活」は、消費の枠組みにおいて行われていた購入から廃棄までのサイクルが、リユース（中古）という方法の浸透によって変化し、専ら消費という行為を中心とした時代と異なる社会の構築を促していることを論じる。

第3章「ポイント生活」は、ポイントという、いわば「おカネのようなもの」が現れて商品やサービスの価格のありかたが変化し、人々がビジネス側のポイントに対する意図を巧みに超えながら、貨幣によらない経済的なメリットを享受し始めるようになったことを論じる。

第4章「インターネット売買の生活」は、街の店舗で買っていた今までの人々が、インターネットを手掛かりに交換や販売という新しい生活圏を創りだし、さらには、従来の消費者・販売者という言葉でとらえきれない創造的な生活的世界を生み出していることを描いている。

第5章「レンタル・シェアの生活」は、今日の人々の生きかたが、もはやモノの所有という観点から大きくそれてきており、持たざる使用から生活を行うようになってきたことを論じるとともにその意味について、検討する。

第6章「手作りの生活」は、自らモノを創る手作り行為の拡がりを考察したもので、自ら作り、生産者となり、さらには表現者であることを求める人々が増え、それが社会に新しい色彩を与えていることを述べている。

第7章「見ることの生活」は、都市や社会に激しい変化と新奇性が生み出され、特に、インターネットを中心としてメディアが展開されることを生かして、人々が、いわば無料の娯楽と情報を享受する生活を創りだしていることを論じる。

＊　＊　＊

最後に、本書の成り立ちについて記させていただきたい。この本は、千葉商科大学に故・加藤寛学長が創設され島田晴雄学長に引き継がれた、大学院政策研究科という場に集まった実務経験者のマーケティング研究グループでの議論から生まれた。人々の消費と生活の実践を考える本書は、加藤先生が強調されていた超領域的アプローチという性格を帯びた試論である。ビジネスの実務を考える方々、さらには、今日の社会を考えようとされる方々に何がしかのヒントになれば幸いである。

本書の企画は東日本大震災の前にさかのぼるもので、参加メンバーには諸般の事情から執筆いただけなくなってしまった方もあり、佐藤研司氏（前・龍谷大学副学長）には主宰されているマーケティングサイエンス研究所の専門のスタッフで援軍してもいただいた。また、ここに記しきれないが、執筆者はそれぞれに、多くの機関、会社、関係者にご協力、ご助言いただいており、深く御礼申し上げる。また、企画以来の長丁場にお付き合いいただき、出版という日の目をみさせていただいたのは、同文舘出版株式会社取締役編集局長の市川良之氏の忍耐とご苦労のおかげである。ここに心より感謝申し上げたい。

二〇一五年五月

執筆者を代表して　熊沢　孝

# 目　次

## 第2章 リユースの生活 ―もう一つの流通― 29

## 第5章 レンタル・シェアの生活――持たない生き方―― 139

# 第1章　生活の実践と消費者

# 1 はじめに

消費者が見えない、ということが言われて久しい。確かに、消費者として呼びかけて応えがあった時期があったのは間違いない。だが、現在では、消費者は生きることの世界に遊弋《ゆうよく》している。買うことに没入しないのは、節約志向という類のものがあるかもしれない。しかし、今日のわれわれは、モノやサービスそれ自体を超える視野をもって生きている。好奇心と知識を持てば、生活を様々に工夫してオリジナルな生き方ができる。ビジネスから様々なかたちで究極の提案がなされれば、それだけ人々が生活において発見し編集する可能性が生まれる。当たり前の生活が工夫と創造の沃野に築かれるのである。環境から抜け目なく何かを手に入れ、何かを生み出すということそれ自体が、おそらく、人間のそもそもの文化ということなのである。

ただし、今日、これが自明のことというわけではない。あまりに素材が多様でわからなければ、そして、料理の方法がわからなければ、調理はむずかしくなるかもしれない。今日にあふれ続けるものを解読する能力と、それらに想像力を働かせて結び付けていく能力がなければ、生活の豊かな可能性はひらけない。しかし、そうした世界を手作りする人々はますます多くなっている。新奇性を増す世界への発見を求める感覚が、そこで必要な能力を陶冶し、生活のリアリティを実感させてくれるのである。

## 2 消える消費者

### 消費者ではない者

「そこの運転手さん」。スピードを出している車をパトロールカーが呼びかけて止める。車からは、中年のドレスの女性が出てきたり赤いＴシャツを着た若者がでてきたりする。違和感はあるが、確かに運転しているのだから運転手かもしれない。「急いでましたか」「病院の予約に遅れそうなので」とか、「友達を待たせているので」という類の説明がある。だが、違反切符が切られる。運転している本人は生活のなかでの事情や気持ちで行動しているのだが、警察官から見れば関係ない。消費者という言葉はそれに似ている。世の誰かに、あなたは消費者ですか、と問えば、教育のいきわたった今日ではそれを肯んじてくれるかもしれないが、実際には人は別に消費者として毎日を送っているわけではない。生きることのうちに消費を行うのである。

生物学において、消費者とは有機物質を自ら生産できずに、水や窒素など無機物質から有機物質を生成する生産者から受け取ってエネルギーとして消尽する存在とされている。つまり、動物が消費者で植物が生産者ということになる。動物の一つ、犬を飼っていたことがある。いろいろ食べていたが、食物連鎖の究極をたどれば、生産者たる植物による創出物の消費者であったのであろう。しかし、飼っていたのはそのような消費者ではなかった。帰ってきた家人に狂喜乱舞し、失策に叱られてしょげて縁の下に潜り込み、与えた課題をこなして得意げな、生きた世界をもつ存在である。食べるという消費があれば、そのような存在としての一コマなのである。まして人間においてをやである。

われわれが消費者という言葉を使うとき、それが人をなぞる言葉でないことをよく考えることが必要である。そもそも、大きく括る言葉は、物事をわからなくする性質をもつ。現実の社会を説明する時に、われわれは、目に浮かぶような単純化された言葉に飛びつく。特に、二項対立的な対照的な言葉のセットは魅力的だ。大きな言葉を考えると、われわれは、それですべてを見てしまう。消費者という言葉もそうした大きな言葉である。これは、生産者という言葉と対になって、われわれの世界を説明しようとするものだ。資本主義というのも大きな言葉だが、そこに消費者という大きな言葉をあてるとすべてが説明し尽されてしまうように思われる。観念的であることを嫌った社会学者、ライト・ミルズの表現を借りれば、物神化された言葉の力である。

確かに、社会を説明する上で、消費者という言葉が説明力を高めてきたことも事実である。交通の話のついでである。交通事故でひとを怪我させたならば、昔なら怪しからんヤツということであろうが、法律が整備されて、加害者という概念が生まれる。それが、交通傷害保険が生まれると、保険会社の顧客が生まれ、消費者という言葉に重みがます。消費者という言葉の広がりは、観念的な言葉の横溢という以上に、また、資本主義の浸透と結び付けられる枠を超えて、社会的な人間関係のあり方についての人々の現実と意識の変化を映すものでもある。消費者という言葉の底にある現実をとらえることが必要であろう。だが、いえることは、消費者という言葉は、どこまで行っても、その存在を外側からとらえた言葉なのだ。存在の中核にあるのは、生き

て活動し生活する主体として振る舞う人なのである。(1)

社会の現実を抑えるということは、ルポから研究まで多彩なかたちで進められてきた。しかし、資本主義の網の目の中で消費者とされてきた人たちが、社会の中でどのよう考えどのようにふるまっているか、本当にはよくわからないところがある。社会学者のジグムント・バウマンは、二〇世紀の終わりに、人々の日常生活の理解こそが重要だと述べたことがある。社会学でもそのような視点は珍しかったのだ。彼はその後二一世紀への変わり目のころ、現代の社会を〝液状〟というイメージ豊かな言葉でくくりだして個人の不安定なありかたを描いた。バウマンは人々がモノを所有し消費することを強調する社会に人々がまきこまれることに関心をよせた。

他方で消費についての理論も多彩であった。消費者論が喧しかったのは、一九八〇年代のことであり、人は社会的な〝差異〟を創りだすことを求めているのだというボドリヤールの記号消費論から、エロティシズムから死まで人間の破壊的なまでのエネルギーに目を向けてきたバタイユの蕩尽としての消費論までが動員されて百家争鳴の時代を画した。確かに文字通りの消費者という存在が非常に目立つ社会背景があった。消費の成熟期を迎えたアメリカで人々がワンランク上に這いあがるアップスケール化という言葉がはやり、特にわが国においてはバブルという状況も重なって、金回りの良さが人々を買うということに向かわせたのだ。

全体として、消費について批判的な立場にたち、そこからの脱皮を説く議論が行われてきたといえるだろう。ジョセフ・ヒースとアンドルー・ポターは、最近このような消費への批判の思想がどのような結果をもたらしたかについて一つの見解をうちだした。彼らによれば、一九七〇年代から目立った消費主義に対する様々な異議申し立てが、とどのつまり、新しいタイプの消費の舞台づくりであり、新たな流行の一コマでしかなかったということになる。(2)実際のわれわれの生活の大部分は平凡の中にあることを忘れるべきでないというのだ。確かに、普通の人々の生活は、消費や反消費という言葉よりはるかに厚みがあるというべきである。人々の生活の現代においての実際を、消費者というフィルターを外してとらえてみることが必要であろう。

社会での事柄を、そこに生きる人の立場から見るということは、経済成長という目的志向が行き着くところへ行き着き、そこから少し距離をおいてしらふになってきた今日の時代に生まれてきた傾向でもあり、あたりまえの視点の回復でもある。アーサー・クラインマンという医療人類学者がいる。「疾患」ではなく「病い」という考え方が必要だと提唱して知られる。疾病は病気について学術的、客観的に医者の視点からとらえたものである。しかし、その病気にかかった人は、痛みを感じる、仕事が出来なくなる不安を感じる、家族のことを考える、といった様々なことの生きることとの全体として病気を経験するのである。そこで、クラインマンは、病いという生きる当事者の実際からの視点が医療従事者や人々にもとめられるというのである。消費について、生活する当事者からの見え方、経験の実際をとらえることは、今の時代においての人間的視点の探究でもある。

## 歴史のなかの消費者

ビジネスの側からは、買えば消費者ということになっているが、買っている人の思いは様々である。マーケティングは、必要があって買うことと、何かを求めて買うということを区別するが、これとても、生き方とその背後にある心のありようとつながっていて、一筋縄の話ではない。そもそも買うとは何か、ということは難しいことがらだということがわかる。

では、いつから人は買うようになったのか。しかし、われわれがそれに関心をもつのは、買うということが生活を覆っているように思われるような消費社会での話である。消費は金を出すことであるから、消費社会の歴史をたどると、豊かな階層の出来事として始まる。西洋での王侯貴族の恋愛と贅沢に消費社会の源流をみるゾムバルトの議論は、アメリカでは一九世紀末から二〇世紀に向かって登場する盗賊貴族ともいわれた企業帝国創業者たちのような〝見せびらかしの消費〟をえぐり出したヴェブレンの洞察へとつながっている。ヴェブレンは見せびらかしが大衆に広がって消費社会というものになったと考えている。日本でいえば、伊勢からやってきた三井高利が日本橋に開いた越後屋が魚河岸、吉原と並んで江戸の三千両といわれるほどの繁盛を占めしたことが、大名・豪商から大衆への消費の拡散の歴史的画期として知られる。だが、今日の消費社会への本当の起点は明治時代にある。越後屋が揺らぐほどの時代の激変は、西洋文明の衝撃と工業化の大量生産がひきおこした地殻変動によるものであり、そこに今日の大衆消費社会が淵源する。しかし、大衆と消費社会との間には大きな距離があり、その距離を埋めることが大衆消費社会を創り上げる原動力でもあった。

消費社会の発展とは大衆の変貌であった。これは明治中期のルポ、『最暗黒の東京』にリアルに示される貧乏を知るとよくわかる。職工にせよ車夫にせよ、真面目に生きる人々がかたまりとなって、大衆層の底辺を形作り、必死で仕事し生活していたということである。働きに出る電車賃に事欠いて茶碗と箸を質入れし、夕餉に陸軍の賄いの残飯を買う人々にとって、買うということは、必要があるものを必死で求めること、買ったものは一生懸命守り維持するという生活のことであった。他方において、「今日は帝劇、明日は三越」という上流階層の求める生活があった。こうした消費についてある程度の均質性のあるものとして語ることができるようになったのは、第二次世界大戦後、昭和三〇年代からの高度経済成長期に中流階層が形成されるようになってからである。消費を中心にまわる大衆としての生活があらわれる。これに対する批判的な意識も生まれる。わが国では、生活者ということばを企業や役所がしばしば使うようになった。

かつての手作り感のあった人々の生活と昂進する消費とに生じた距離をとらえて、それを修正しようとする発想が出現した。大衆消費社会の最中に生活者という言葉が打ち出されたのはこのような時代であった。スーパーの台頭の時代であり、大量生産・消費にともなう公害問題がクローズアップされており、それがこの生活者論に反映した。営利主義企業への対抗を意識した、地に足の着いた健全な生活を実現する消費者への志向である。

一方で、消費の無駄についての意識、生産者を中心とする世界への反発という意味合いで語られる生活者、生協活動や虚飾としてのパッケージを否定するちふれ化粧品[3]につながる生活者という言葉遣いがあった。他方で、本当に自分たちの要求や生活を満たすものやサービスを求めるというライフスタイルという言葉や、無印良品の創業につながる生活者論があった。

だが、今日の地平からみると、生活者という言葉が取りざたされたのも、生産、供給、品質という資本主義の枠組みのことであった。ちふれは化粧品企業して成功を続け、生協は地域スーパーとして存続したのであり、人々が何かを買うというその枠組みは変わることなく、バブル期においては、もう一段過剰な消費が生み出された。

では、消費者というものは、いつも相変わらず、という言い方ができるものなのであろうか。すくなくとも、二一世紀に入って、消費者を生活の実践者に引き戻す底流というものが生まれてきたのではないかと考えられる。

かつて第二次世界大戦後、カーやダンロップは、インダストリアリズム、つまり工業化というものが大衆の貧困からの脱出を志向する、世界を覆う理念であると指摘した。W・W・ロストウの経済成長論は、その最終段階として高度大衆消費社会を提示してオーラをもった。だが、一九七〇年代になると、アメリカ、日本などの先進国で一斉に工業化社会の成熟がいわれるようになり、脱工業化のパラダイムのもとでの情報を軸とする知識社会の果実を享受する大衆像が喧伝された。脱工業化社会ということは感じられながらそれが意味するところははっきりせず、「犬の後には、犬でないものが来る、ということしかわからない」と述べた論者がいる。

疑念が生じていたのは間違いない。我が国では、一九九〇年代中葉からの不況で社会の変質は見えにくくなっており、『ニッケル・アンド・ダイムド』が克明に描いた格差は、アメリカ社会の病理のようにも解されていた節があるが、最近に著わされたピケティの『二一世紀の資本』は、我が国も含めて、工業化という理念が一つの時代のものであった側面を示唆するものであった。

先進国の大衆社会としてみると、工業化の目的は収穫逓減という格好で果たされてきたということであるが、それにも拘わらず消費自体が維持され何がしかの経済の発展があったということは興味深いことである。ビジネスが様々な形の新奇なものを提供して、その対価を得ることによって成長してきたことは間違いない。それはモノからサービスへと拡がり、とりわけ、コンピュータとインターネットをテコとするサービスの増殖が著しいのは周知のとおりである。生産者が提供するものを消費者が消費することはサービスを中心に回り、それが社会経済が高度化することだとも考えられている。だが、現実の人々がその図式にはまりきっているわけではないし、消費者として生きるという図式を創り上げているわけではない。

『ビジネスウィーク』二〇一四年六月号の巻頭エッセイは、二一世紀への転換期において第三の産業革命と期待されたインターネット革命が、思いの外に経済効果が乏しかったのではないか、それは消費者がそれにまともに消費者として向かい合ってくれなかった、つまり、金を払わないでその恩恵に与ったからではなかったからと述べている。確かに、様々なビジネスモデルが喧伝されている割に、消費者から金をとりこぼしていることはあまり議論されていなかったようである。その不吉な兆候は、すでに三〇年も前から、広告を広告として消費してしまう消費者という懸念、要するに、実際には金を払うことにはそれほど熱心ではない人々の増加として示唆されていたように思える。

実際には、人々はもっとしたたかに、しかし普通にしっかり生きたということが本当のところではないかと思われる。ビジネスはマーケティングの様々な波を次から次へと送り出すが、人々は見事にサーフィンして、都合に合わせて買うとか買わないことを自在に操っているのが実際ではないであろうか。片目で消費の潮流に目を向けるが、もう片方の眼では、生活の現実の操作者なのである。

# 3 生活の舞台

## 生活の沃野

ビジネスが提供するものが高度化しているのは間違いではない。技術で見れば、製品が〝自分で判断する〟家電機器や自動車というものが生まれている。判断するということは、プログラムがそのように組み立てられているということである。だが、人々からすれば自動車が根本においてどのように判断し行動するかはわかりきれない。まして、他人からみれば、二〇〇八年にアメリカで発生したサブプライムローン問題は、証券というものの組み立てを極限に推し進めたもので、専門家ですら意味合いがしっかり把握できなかったものである。日常で人々に提示されるものでも、携帯電話や無線通信について提示される便益と価格の関係は、本体ゼロ円キャンペーンや二年契約違約金と複雑怪奇である。特に、サービスが社会と人々にとっての価値領域と考えられるようになって、大企業からベンチャーまでが各種各様のビジネスとして打ち出される。かつては、サービス業は、クリーニングや料理屋のように、人々が行っていたことを社会において外部化するかたちでビジネスとなった。根本的には、今日に創出される全く新しく見えるサービスも、何らかの意味で、人々が行ったり利用したりしてきたことの延長にある。同時に、かつての知識では及ばない世界となってもいる。

かつて他人に頼んで急ぎの書類を届けてもらっていたものが、ライダー便によって配達され、それがファクシミリになり、究極的にインターネット・メールの添付になった。それ自体を採りあげれば便利さの程度が増したということだが、それは自明なサービスではなくなっている。インターネット・メールの送信それ自体は、技術的なブラックボックスを別とすれば明快にみえる。しかし、パソコンの基本知識とは別に、文書のソフトについての理解を必要とし、添付物の解凍の方法について知っておかねばならない。送付した場合にウィルスを送ってしまうリスクを知らねばならず、また、パソコンに入ったものは簡単に流出してしまうことも考えなくてはならない。

世に送り出されてくるモノやサービスをこのように描けば、人々は生活を消費に浸潤される一方であるかに見える。ブラックボックスのようにモノやサービスをパックしたかたちで消費者に買わせようとするビジネスも多い。

だが、他方で、そのうちの特定の高められた特徴のあるサービスの価値を送り出そうとするビジネスもある。人々は、適当なパックを受け入れる場合もあるが、様々なモノやサービスを組み合わせることもある。サービスを自分で編集して形をつくるのである。消費の達人の発生である。たしかに、消費社会の住人としての消費術の上手下手というものがある。それは提供されるモノやサービスをどれほどうまく編集できるかということだといえる。とりわけ、あたらしい意味や価値をもつサービスを組みこみ編集するかがその決め手である。

ここまでくれば、われわれは消費者というレッテルをはがすところまで来る。編集するものはなぜ買ったものである必要があるのか。もちろん必要がないし、実際にそうしている。例えば、重要なことは電話の肉声で、形式的なことはメールということもあれば、携帯メールを要件の迅速な伝達に使ってパソコンのメールのやり取りを事実の証拠として確保しようとする人もいるかもしれない。また、直接会うことで事態の感触をつかみ、説得の機会をつくることを旨《むね》とするかもしれない。

これは、さらに、その人の価値観と、様々な物事に対する係り合い方と結び付いている。こうして人々の振る舞いかたは様々となる。そこにおいて何かを買うということがあれば、それはビジネスで消費者が発生したということになるが、そのような呼称は人々にとってどうでもよいことである。何かをすることによって生活しているが、そこに従来のマーケティングが期待するような購買が発生するという保障はなくなっている。人々にとっては、有料で買うものであろうが無料で手に入るものであろうが、生活のためにまとめ上げ編集する材料でさえあればよいのである。

実際のところ、今日のようにビジネスが様々にモノとサービスを繰り出してくることは、生活の沃野が開けることを意味している。よくわからないものも多いが、また、買うものであってもそうでなくても、自分でそれをそれぞれに切り取って自分の生きる世界を創り上げる材料が生まれる。モノをあまり買わないがインテリア空間は豊かな生活というものがあることを、メラニー・モレスワースというイギリスのデザイナーが記録したJunk Styleというタイトルの本が示している。廃棄された書棚、冷蔵庫、ミシン台という断片でも、本来の用途や技能に遠慮せずに自分の好みや求めるところにそってまとめ上げれば、ほとんど買わないということですら自分の生活世界がオリジナルに創造されうるということである。ただし、自分の核をもたなければ、結び付けるもの、まとめ上げるものは存在しないということでもある。

## ❖生活の能力

生活するということは、伝統的にモノの所有と結び付けられてきた。生活が豊かであるということは、モノを持つということによって実現できるという考えである。経済学は、モノを生み出すということに、またモノをいかに配分するかを論じてきた。これは、国富にせよ大衆の豊かさにせよ、モノの所有を中心にした考え方である。あらゆる国が工業化を目指すというインダストリアリズムの普遍性は、大衆の貧困からの救済として、いかに多くのモノを所有させるかを目的とした生産革命による解決への志向の普遍性であった。これを大衆の側で受け入れることが、消費にほかならない。こうした枠組みでは、生活はモノの所有を実現し享受することである。

二〇世紀末に至っての経済の成熟は、脱工業化という言葉とともにあらわれたが、それがモノの所有と生活の豊かさを結び付けるという枠組みの変化であったことは、今日の地平からは明瞭である。この当時にサービス経済化への傾斜が強まり、インターネットを軸とする情報化が進行したということは、モノの所有と異なる生活の豊かさの可能性をもたらした。

経済学者センが、生活の豊かさの可能性は、所有でなく、様々な手段に接近《アクセス》して何かを生み出すことにあると、提示したことは、こうした時代の中での認識である。センは後進国の貧困からの解放を念頭においていたが、サービスと情報というインフラストラクチャが社会経済に浸透することを基本認識としたものであり、そこでは、社会に生じる様々な資源や動きにうまくアプローチして創造的に組み立てる能力が重要になると考えている。[4] リフキンも先進国アメリカの今日の生活の基調を、人々の必要なモノへのアクセスという言葉で集約したが、これは専らインターネットによる情報と結び付けたものであった。

少なくともいえることは、何かを買うことを生活と同義とするような消費者という用語法で人々を理解することが不可能になっていることだ。そのような消費の枠組みを超えた人々は、環境の変化に対応し、またその変化を能動的に生きるようになっていることは間違いない。そこに統一的な原理があるわけではない。相変わらずビジネスはモノやサービスを次々と吐き出すが、その新奇性を貪欲に享受し、しかし、モノを所有するという強迫観念に憑りつかれるでもなく、状況が変われば楽しみとすることも変える。こうした人々の振る舞いに何らかの特徴があるとすれば、それは、抜け目なさと俊敏さ、いわゆるアジリティーであろう。生きるということを、こうした振る舞いによって創りだしていくのである。

今日の人々にとって、生きるということは、環境変化のマネジメントである。もっと端的には、複雑化し変化する資本主義の躍動をマネジメントすることである。それには二つのものが必要となる。一つは、環境の中で次々生まれるものを、自分の事情と好みに従って組み立てる編集能力である。エディターシップという概念を出版の世界を超えて、あらゆる仕事の世界にあてはめたのは外山滋比古であった。だが、そもそも編集という行為は、人が生きることにおいての最も基本的な概念である。今日では、店も実体のものからインターネットのものまで広がり、モノとサービスは境界の不分明なものにまでまたがり、有料から無料までいろいろとなっている。丸のまま受け入れる必要はない。どれを選択し、どのように組み合わせるかが、どのような生き方をつくるかということになっている。

だが、全てが複雑に渦巻いており、何が起こっているのか、何があるのか、それが直接に間接に何を意味するかも理解が難しい。ただほど高いものはない、という格言の古典的な知恵があっても、無料のものと何を引き換えに差し出すのかの理解がつかないようでは仕様がない。起こっていること、あるものの意味を読み取るリテラシー能力がなければ始まらないのである。

このように、生活は全方位の可能性をもつが、その可能性は全ての人々にとって同じではない。コンピュータに対する理解と利用能力の有無がもたらす格差がデジタルデバイドとして喧伝されたことがあるが、今日では、環境に対するリテラシーとエディターシップが生活、さらには生きるということの可能性を左右するのである。

## 4 脱・消費の文化

### 生活文化を生きる

環境の変化のもとで、断片を拾いながら、それぞれに組みあげるということは、今日の世界で求められる生き方であろう。おそらくわれわれはこれを自然に実践している。原理を敷衍するのでなく、折衷的、パッチワーク的にものごとを創りだすということは、われわれの思考と行動、つまり文化の基調だからである。生活の中で拾い上げるものは新奇性を増し複雑となるが、本質的には、われわれは、全く新しい生き方をするわけではない。これがわれわれの生活のたくましさというべき側面である。

近代の人の生き方については多くの議論が行われてきた。その多くが、近代化の下で目的主義的な鋳型の中にはめこまれ、消費者として馴致された人々を描き、反面で本来の人の生き方を探るという形を示す。かつて、エドワード・ホールは、工業化社会の目的へ向かっての直線的で合理的な時間軸を歩く人間、つまりモノクロニックな時間が、本来の多元的な生活領域と活動の下の豊かに生きるポリクロニックな時間からの逸脱であると述べた(5)。もっと最近では、ティム・インゴルドが、プロセスを一コマずつ軌跡を創り出しながら歩む本来の人の生き方が、目的志向の下で点と点を結ぶ非連続なものと変化してきたということを論じている。両者は、人は生きる時間の流れの一コマ一コマにおいて活き活きした経験を生み出すことこそが、本来の姿であると考える点で重なっている(6)。

工業化社会が持続していると見るにせよ、脱工業化社会、あるいは情報化社会への転換という観点に立つにせよ、そこに社会が目的主義的なシステムとしての性格を強めているということを強調すれば、人々の生き方の変質に警鐘を鳴らすこのような考え方は、理解のできることである。消費者という言葉を使えば、資本主義的システムの高度化の下で、より馴化された消費者が形成されてきたということになる。

しかし、人々の消費を受け身のものとしてしまうのは観念的に過ぎるであろう。人々の生きるということにおいての思考と行動のありよう、つまり、生活の文化というものが、消費の基底にあると考えてよい。実践知を深く理解する哲学者、ド・セルトーは、迷路のごとき世界を鋭い感覚の下に、抜け目なく歩き回るところに大衆の本質があると論じているが、これは、現実の人々の生きることの文化を言い当てたものである。世界はシステム化され、或いは様々なシステムの重層化したものとなっているかもしれないが、人々はそれを勝手に断片化し、それぞれに縫い上げて、それぞれの生にまとめ上げているのである。人々は、こうした断片化とそのまとめ上げによって自分が生きるということの現実の姿を創りだし、また更新していくのである。いわゆる消費が発生するのは、そのような意味では、そのような枠組みのなかの大衆の腕によって扱われる事柄の一部に過ぎない。

消費社会といわれるなかで、人々が生きていくためにどのような能力を発揮しているのであろうか。われわれは歩き回りながら、何かに出くわしながら、何かを図り、何かを利用し、何かを生み出しながら生きる。身の回りに何かを発見し、みずからの生活に編み上げていくことでもある。昔、小売企業のことを環境適応業と喝破した経営者がいたが、企業も環境の内に新たなものを発見して組み上げることに本質がある。われわれも企業も一種の環境適応生物である。企業家についての洞察に満ちた研究者であったカーズナーは、企業家の行動の中心に発見を置いた。企業家は、産業革命期から今日にいたるまで、加速度的に増加してきた。経済、社会、技術、情報と多方面での展開が様々な事柄を生み出し、既存のものの破たんが生まれ、新しい芽が生まれる亀裂が見られるようになる。企業家は抜け目なくそれを発見し、それを生かすことによって事業を育む。変化が激しければそれだけ一層その可能性が高まる。

環境の変化が激しくなると、人々にもそれぞれに発見してそれぞれの生活を創造する可能性が高まる。今日の社会において人々が生活の素材とするものは多様で、人々はそれを生きるために自在にその素材を切り取り生活世界に組み込む。

結局のところ、次元は異なるが、企業家と消費者には通底するものが生まれてきているといえるだろう。今日、消費者は、おびただしい新たなものに出会い、発見し、解読して自らの生活を発見し創出する。その意味では、買うということは、それ自体として退けられるわけではない。消費者にとって有料であろうと無料であろうとすべては素材という点で区別はない。生活のなかで発見されるものは、全てオリジナルに結合され組み直されるのである。消費というものがあれば、それは生活のなかで再編集されているのである。

## 生活文化の伝統

我が国ではアメリカの学説を基準に消費者が議論されてきたといってよい。しかし、消費者の本領がその背後の生活での思考と行動にあると見ると、それは文化の固有の問題とつながることになる。今から二〇年以上も前に、『芸術新潮』が、日本の生活美を軸に、日本の伝統についての別冊を出している。周到な構成と多面的な視点をもつ高い水準の内容であるが、印象づけられるのは、全般的には日本人の環境に対する鋭い注意力であり、とりわけ新奇なものに対する関心であり、さらに、ささやかな物事にたいする注意力であり。さらに、異質な様々なものをパッチワークとして結合したり編み上げたりする工夫に見られるバロックのような力である。江戸東京博物館の新田太郎らは、明治から今日までの商品の出現と生活の中での受容について、『東京流行生活』という言葉に要約して核心をついた。モノの豊かさへの志向の背後に、今を享受するという大衆の生活においての文化的伝統のあらわれを見とったのである(7)。原理をたてに残余を切り捨てるということでなく、それぞれに可能性を求める創意は、状況適応性でもあり、日本文化論でよく指摘されてきたことであるが、むしろ、これは、日本の生活においての文化をつくっていると考えてよいであろう。

他方において、社会的な意識と生活術の伝統もある。欲しいものを身勝手にとり込む振舞に対する「お貸し〝下され〟」や「とるものはとって出すものは舌も出さない」という揶揄的な言葉があるということは、われわれの生活実践において社会的コモンセンスがあることを示す。それをナジタは、わが国の大衆の相互扶助という「生活や生産についての創意工夫と組織」の伝統として克明に描き出している。(8)

今日において様々なビジネスからいろいろな次元で提示されるもの自体も、このような基本的傾向を反映している。人々は、これをさらに素材にして自在にまとめ上げる志向性と創造力によって生活世界をつくりあげる力を現代の生活術とするのである。

**注**

(1) 生活ということは一義的に個人と生活世界のかかわりでのことであるが、これを大衆ないし社会という視野においてとらえることの根拠について、ここでは詳説を省かせていただく。さしあたり、バーガー&ルックマン［一九七七］を参照していただきたい。

(2) ヒース&ポター［二〇一四］。

(3) 全国地域婦人団体連絡協議会（地婦連）の支援の下に、低価格・品質志向の理念の下に一九六八年に発売された化粧品ブランド。

（4）セン［二〇一一］。

（5）ホール［一八八三］。

（6）インゴルド［二〇一四］。

（7）新田・田中・小山［二〇〇三］。

（8）ナジタ［二〇一五］。

# 第2章　リユースの生活

## ―もう一つの流通―

①はじめに
②リユースという沃野
③企業の新たな価値創造
④リユースにかかわる人々
⑤リユース拡大の背景
⑥リユース活用の実践学
⑦リユース生活の意味するもの
⑧おわりに

# 1 はじめに

われわれとリユース品（中古品）との接点が増えている。様々なリユース品を取り扱う店舗が増える一方で、インターネット経由でそれらを取引する場も整備されつつあるからだ。個人間の取引には消費税がかからない。そのため、個人間でのリユース品取引が特に注目を集めるようにもなっている。

リユース品の活用については、これまで経済性や資源の有効活用という視点が強調されていた。しかし、最近のリユース市場の成長は、われわれに消費や流通の新たな姿を提示しているようにみえる。リユース品の売買という行為は、われわれの消費行動をより社会的・循環的なものにすると同時に、われわれを流通の主役として遇する側面があるからである。

このような認識のもとに、本章では、われわれとリユース品との接点が増えつつある実態を読み解きながら、リユース品活用のための実践学とその含意について考えていく。

# ②リユースという沃野

## ●中古からリユースへ

いまでこそ、リユース品[1]という言葉が使われる。以前は中古品といった。二〇〇〇年以降の「３Ｒ」のひろがりや、二〇〇九年に業界団体である日本リユース業協会が設立されるなどして、「リユース」という言葉が定着しつつある。

「３Ｒ」とは、いうまでもなくReduce（処分量の削減）、Reuse（再使用）、Recycle（再生利用）の略である、二〇〇〇年に制定された循環型社会形成推進基本法において、３Ｒが循環的な資源利用のための基本原則として定められた。その頃から、３Ｒという言葉が注目を集めるようになったのである。

日本リユース業協会は、リユースに携わる企業による業界団体である。ブックオフ、ハードオフ、ゲオ、コメ兵などの主だった企業が加盟している。二〇一三年からは、リユース業に携わる従業員のスキルアップのために「リユース検定」を実施するなど、業務レベルの標準化に向けた取り組みも始めている。(2) リユース業という新たなサービス産業が形成されつつある状況である。

一方、環境省でも、二〇一〇年から「使用済製品等のリユース促進事業研究会」を立ち上げた。そのあと押しもあり、自治体サイドでも、不用品の回収やその再生・販売に関する取り組みが行われるようになっている。

このような産官双方にわたる動きは、どこかうらぶれたイメージのあった中古品という資源に新たな光を当て、ビジネスの観点から、あるいは生活ツールとしての観点から、それらをリユース品として表舞台に引き上げようという試みである。

ＮＢ（National Brand）に対してＰＢ（Private Brand）があり、店舗販売に対してインターネット販売がある。新品に対してリユース品があるとすれば、われわれにとっては生活の選択肢が増えた状況と理解するべきであろう。

## 新たな一兆円産業

環境省の推定によれば、リユース品の市場規模（個人消費分）は、二〇一二年時点で約一兆二〇〇〇億円である（除：自動車・バイク、含：未使用品・新古品）。同様の調査が行われた二〇〇九年対比で一九％の伸びである。[3] 新たな一兆円産業が誕生しているわけである。

市場の内訳をみると、もっとも大きなものがブランド品（一、七七四億円）である。ついで、書籍（九九四億円）、衣料・服飾雑貨（九八三億円）、パソコン（九八三億円）、ソフト・メディア類（八九七億円）、家電（六九九億円）、スポーツ・レジャー用品（五五八億円）などとなっている。[4]

このような内訳をみると、リユース市場は、おもに高額のブランド品需要と余暇生活を含めた生活支援需要の二つから成り立っていることがわかる。もちろん、市場の大半を占めるのは生活支援需要であり、リユース市場のひろがりもこの部分の拡大に支えられている。

生活や余暇支援のためにリユース品を活用する場面は様々であろう。成長の早い子ども用の衣料品を手当てする、ＣＤやＤＶＤを手軽に調達して鑑賞する、釣り道具やゴルフクラブをとりあえずは試用する等のシーンを想定することができる。

市場規模の大きい書籍にしても、ブックオフなどの成長もあり、昔のように専門的な古書・稀覯本が中心というよりは、ふだん読むような小説やエッセイなどの割合が増えてきているように思われる。読書という行為も、古本や公共図書館を利用して楽しむ方向に変わりつつあるという。[5] リユース品を生活に賢く取り入れる動きが拡がりつつあるといってもよいだろう。

なお、ここでみたような市場規模等のデータは、あくまでも個人消費者を対象としたもので、事業者による購入分は含まれていない。また、衣料品や家具、機械などはリユース目的で海外に輸出されるものもあるが、それらの数値も含まれていない。最近では、事業者が備品をリユース品でまかなう動きもある。また、衣料品や建設機械などでは、その品質の高さから、日本のリユース品が東南アジア諸国で人気を集めているという。[6] リユース市場の拡がりには、数字に現れる以上のものがあるようである。

## リユース品との距離感

同様の環境省の調査によれば、過去一年間にリユース品の購入経験がある人は三六・七%、またリユース品の売却・譲渡経験のある人は四二・三％である。[7] リユース市場が成長しているとはいえ、購入・売却未経験者が六〇％程度は存在していることになる。このようなリユース品とわれわれとの距離感については、改めて確認しておく必要があるだろう。

では、リユース品の取引を行うのは、どのような理由によるものなのか。

家具類を対象とした調査だが、不用品の引渡し先を選定した理由としては、金銭的な理由（お金が得られる、支払う費用が安くすむ等）が四一・二％でもっとも多くなっている。ついで、適切に処理・リサイクルされそうだったから（一六・四％）、まだ使用する人がいれば有効に利用して欲しかったから（一四・二％）などが続いている（複数回答）。

このような調査をみると、リユース品を引き渡す際には、経済的な見返りが考慮される割合が高いが、同時に売買を通じた社会的な有効性についても意識されているようである。このような経済性と社会性の両立は、リユース品の取引を促進する大きな要因となっていよう。

ところで、リユース品売買に関する意識を年代別にみてみると、特に若年層の人たちにとって、リユース品との距離感が縮まってきているようである。

例えば、製品の購入・使用時にリユース品として売却することを想定しているかという問いに、「想定している」と答えた人の比率は老年層で低く、若年層で高い（五〇歳代、六〇歳代では、それぞれ一八・四％、一三・三％であるのに対して、二〇歳代、三〇歳代では三〇・七％、三二・一％）。

一〇〜二〇歳代の人たちは、古着店をよく活用するという。フリーマーケットに参加する人たちも、どちらかといえば若年層が多いようである。若い世代の人たちはリユース品への親近感が強いか、あるいは〝リユース品だから〟というこだわりが少ないように思われる。このような傾向は、将来的にはリユース品の購入・売却経験者がさらに増えていくことを予想させるものである。

## ●リアル店舗の存在感

これも環境省の調査によれば（図表2―1、図表2―2）、リユース品を購入する場合にはインターネットを利用する比率が高く、売却する場合は店舗を利用する比率が高くなっている。

このあたりは、リユース品売買に特有の興味深い点で、とくにリユース品の売却を促進するうえでは、〝リアル店舗〟の果たす役割が大きいという。消費者が実際に店舗を訪れることによって、「こんなものが売れるのか」、「こんなものを買い取っているのか」という気づきが得られる

図表２—１　過去１年のリユース品の購入経験（単位：%，n＝85,417）

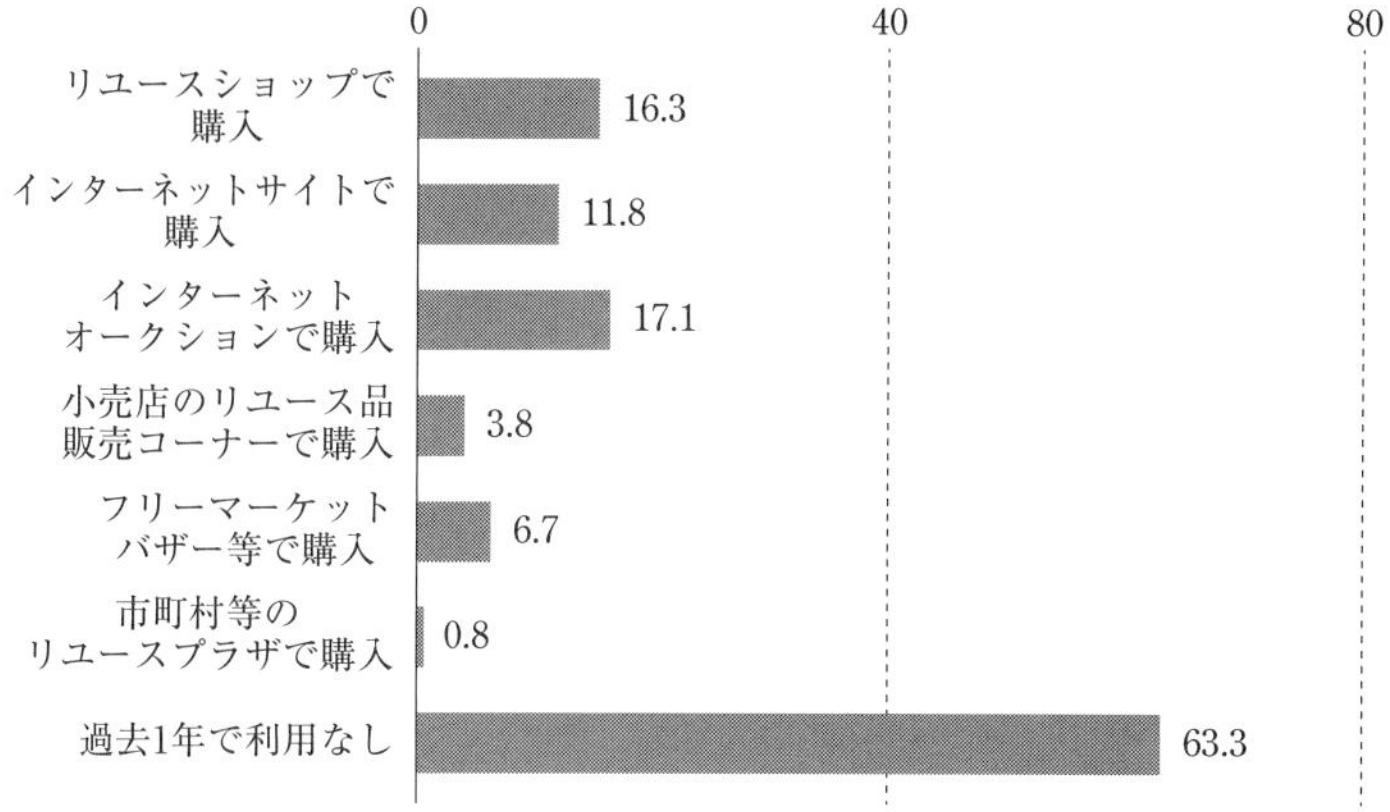


図表２—２　過去１年のリユース品の売却・譲渡経験（単位：%，n＝85,417）

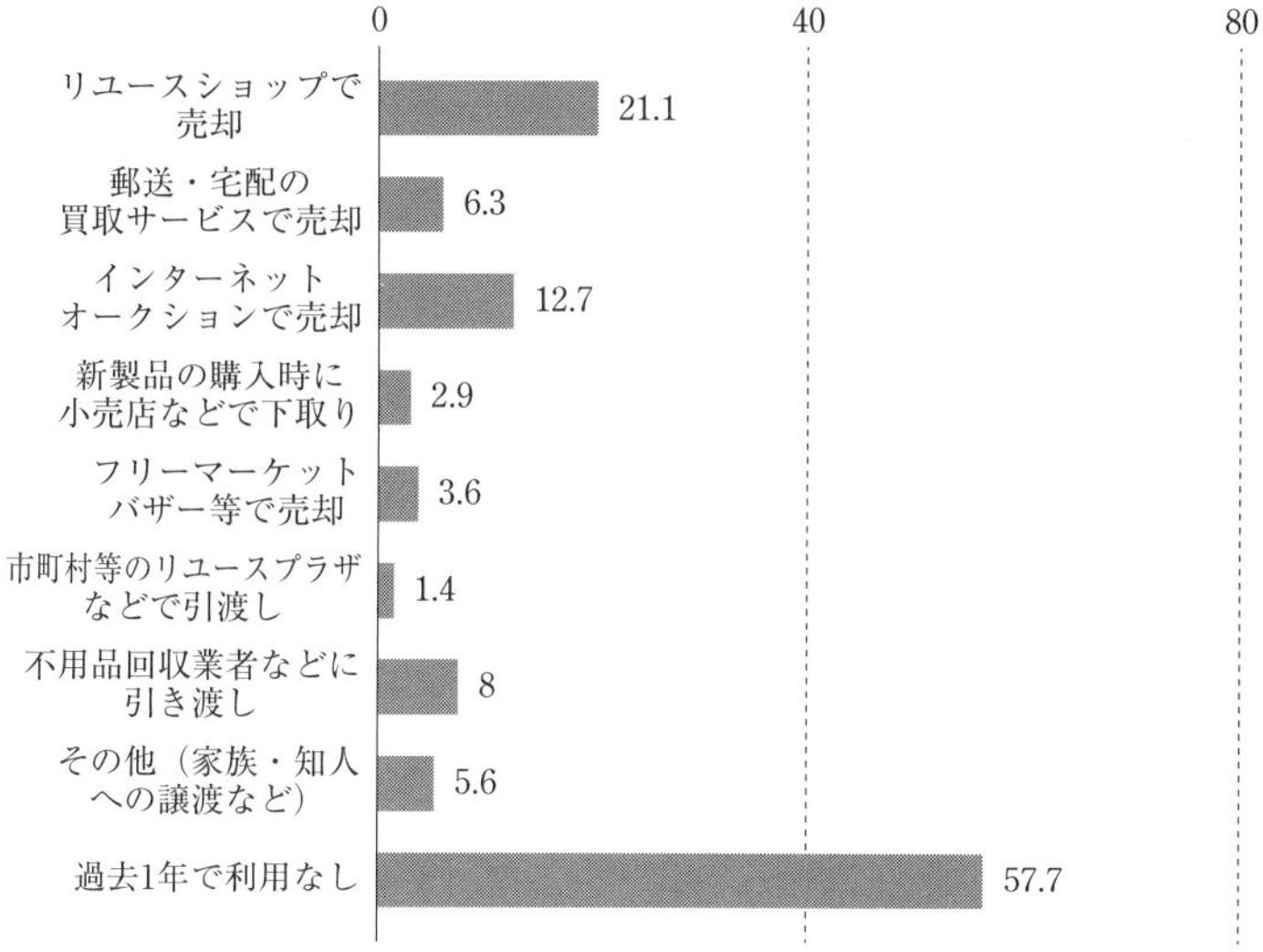


（出所）　環境省［2013］。

からである。

一度そのような気づきを得た消費者は、買い取り品目やその品質に関する自分なりのイメージを形成し、日常生活で不要なモノに出会ったとき、今度はそれを売ってみようという動機を持つことになる。このような理由から、リユース品の売買を促進するうえで、〝リアル店舗〟の役割は大きいといわれている。郊外の大型店舗ともなれば、車で乗り付けて買い取りカウンターまで多量の商品を持ち込むことも可能である。そのため、売却に関する仕分け、梱包、配送などのコストが削減できることも、リユース品の売却時にリアル店舗が活用される要因になっているという(8)。

リユース品の売買には、品質の確認と納得できる価格の提示が不可欠である。その点で、実物在庫の確認が可能なリアル店舗の存在は、売却のみならず購入にあたっても重要であろう。インターネット経由でのリユース品取引が拡がりつつあるとはいえ、リアル店舗の存在は、リユース市場の活性化に向け依然として重要な役割を担っている。

# 3 企業の新たな価値創造

## リユースで成長する

近年、中古住宅のリノベーション（大規模改修）が注目されている。新築住宅に比べて取得コストが抑えられるうえに、自分の好みに合わせて間取りや内装を変更できるからである。最近では若年層にも人気の高い住宅の利用形態となっている。

そのような若年層の動向に対応して、「無印良品」を展開する良品計画は、住宅内装のリフォーム事業に参入した。無印良品に特徴的なシンプルさを訴求しながら、住宅関連製品の販売拡大にもつなげようという意図である[9]。現在では、UR都市機構（独立行政法人都市再生機構）とも連携し、高島平団地（東京）など大規模団地内のリノベーションにも乗り出している。

ヤマトホールディングスは、インターネット通販で消費者が返品した商品を企業から買い取るサービスに参入している。冷蔵庫、洗濯機、テーブル、書棚などが対象だが、それらを引き取ったあとに、リユース品として自社店舗やトラックなどの移動店舗で販売するというものである[10]。ヤマトが得意とする事業多角化の一環だが、通販ビジネスにつきものの返品リスクをリユース品へのニーズの高まりを通じて解決しようという発想のビジネスである。

ヤフーも、ブックオフコーポレーションとの資本業務提携を発表した[11]。ヤフーの展開する「ヤフオク!」側のメリットは、インターネットで売るのは面倒、店舗へ持ち込みたいというユーザー層の掘り起こしだといわれている。リユース品売買におけるリアル店舗の重要性を認識しているわけである。

一方、ブックオフではインターネット上で各店の在庫を一括管理し、それを全国の顧客に対して提供することで、リアル店舗の商圏上の制約を乗り越えようとしている。対象商品は、書籍、ゲーム、CD、DVDなどから、ファッション、スポーツ用品などへと拡げる計画だという。

両社の取り組みは、インターネットとリアル店舗の融合を図り、消費者とリユース品との接点をさらに拡大しようとするものである。携帯電話・スマートフォン（スマホ）、カー用品、カメラ、パソコン・周辺機器などではインターネット経由でのリユース品取引の割合が高いことから[12]、今後はリアル店舗を経由しないリユース品販売がさらに拡大していく可能性がある。

この他にも、大手企業によるリユース市場参入の動きは多い。

グリーが「グリーリユース」を設立し、ブランド品の買い取りサービス「ウットク」を開始する[13]、アマゾンが中古車のインターネット販売を開始する[14]、ビックカメラが全店舗でデジタル家電の買い取りを開始する[15]などの動きである。

アマゾンに中古車を出品している業者によれば、「寝ている間に中古車が売れる」こともあるという。インターネットでの中古車販売は難しいという声もあった。しかし、販売価格を固定したうえで（三三万円、四四万円、五五万円の三価格帯のみ）、税金、登録諸経費などを含めて購入者の総負担額を明確化したこと、タイヤ、バッテリー、ブレーキパッドなどの主要部品を新品に交換することなどの工夫によって一定の販売実績を残しているようである。ちなみに、ワンクリックで購入した中古車は、アマゾンの段ボールではなくトレーラーで輸送されてくるということだ[16]。

このような取り組みをみると、様々な企業がリユース市場に新たな成長の機会を見出していることがわかる。企業の事業創造のあり方が、これまでとは違ってきているともいえそうである。

## 地球規模のリユース

リユース市場に注目するのは、日本企業だけではない。

スイスの繊維リサイクル大手「SOEX」の子会社であるアイコレクト社は、二〇一三年に日本法人を設立した（法人名「アイコジャパン」）。同社は古着のリユースやリサイクルに取り組むグローバル企業である。ドイツ、ドバイ、インド、アメリカに古着の集約センターをもち、四〇〇以上もの選別基準でそれらを仕分けたあと、リユースできるものは東欧やアフリカなど七〇か国で販売し、リユースできないものは清掃用品や断熱材などへのリサイクルを行っている。

日本でも、他の国・地域と同様に、衣料品小売店に古着、靴、服飾雑貨の回収ボックスを設置し、それらを世界規模で再販売・リサイクルしていく計画である(17)。同社のアパレル企業とのネットワークは、H&M（ヘネス&マウリッツ）、FOREVER 21、アメリカン・イーグル・アウトフィッターズ、アディダス、プーマなどの大手企業にわたる。日本でも、H&M、アースミュージック&エコロジー、ワールドなどの店舗に古着回収ボックスが設置され始めているようである(18)。

日本は欧米に比べて古着活用の後進国だといわれる。国内で年間二〇〇万トンもの繊維廃棄物が発生する一方で、それが再利用・リサイクルされる割合は一〇％未満に留まっているからである。[19] アイコレクト社などの参入により、リユース品流通の世界的なネットワークに日本が組み込まれることになれば、衣料品のリユース・リサイクルの動きも加速していくことになろう。

特に衣料品では、ファストファッションの台頭とともにその〝使い捨て〟が問題となっている。このような古着に関する国際的なリユース市場の拡がりは、製品再利用のためのネットワーク拡大という観点から意義あることであろう。

# ④ リユースにかかわる人々

## ◆リユース事業の特徴と類型

リユース・ビジネスにはいくつかの特徴があるといわれている。

まず、豊富な商品知識が求められるという点で、参入障壁の高いビジネスである。リユース・ビジネスに求められる商品知識は新商品に関するものだけではない。リユース品だけに過去にさかのぼって膨大な知識が必要となるのである。このような専門知識が、このビジネスへの安易な参入を阻んでいる。

また、リユース・ビジネスには、地域密着型のビジネスだという特徴もある。最近は、インターネット経由でひろくリユース品を販売しようという動きがみられるが、店舗販売を中心にビジネスを展開する場合は、個店単位での買い取りと販売が基本となる。つまり、買い取りも販売も地元の消費者をターゲットとすることになるため、いきおい地域の生活様式やニーズに合った品揃えが形成されることになるわけである。

リユース・ビジネスのいま一つの特徴は、新品流通との関わりが大きいことである。不景気で所得が伸びないほうが低価格のリユース品販売に有利かといえば、そうともいえないようだ。景気が上向きで新製品が多く購入されるほうが、品揃えの点ではリユース・ビジネスに好影響を及ぼす場合が多いという。また、リユース・ビジネスには、新品流通を促進させる側面もある。リユース・ビジネスが旧品の受け皿となり、新品への買い替えが進むからである。このように、リユース品流通には新品流通との補完性がある。

このような特徴をもつリユース・ビジネスだが、その形態はさまざまである。そこで、リユース・ビジネスを顧客への価値提供という観点から整理すると、おもに四つのタイプに分けることができそうである（図表2―3参照）。

まず、「専門型」のリユース・ビジネスである。

これは、骨董品店、専門古書店などに代表される伝統的なリユース・ビジネスである。売り手と買い手に相応の専門知識が必要となる。現在では取り扱い商材もひろがっており、キャラクター商品やフィギュア（模型）、トレーディングカードなどを専門的に取り扱う業者も多い。この分野において専門分化が進んでいることを示す例として、ドリフト走行用の〝ドリ車〟を専門的に扱う業者もあるという。

キャラクター商品を取り扱う業者のサイトをみると、様々なキャラクター商品に加えて大手消費財メーカーや外食チェーンのノベルティまでもが取引されている。今後も多くのキャラクターが生み出され、企業がそれを活用したマーケティング活動を行うことを考えると、これからも多くのマニアックな商材とそれにともなう専門知識が蓄積されていくだろう。

次に「買い替え促進型」リユースをあげることができる。

これは、買回り品や専門品などを対象に、新品の購入と引き換えに旧品を処分したいというニーズに応えるものである。自動車やゴルフクラブ、ブランド物のバッグなど、モデルチェンジやデザイン変更があったり、段階的に上位機種への変更が行われたりするものが対象となる。とくに自動車は、高額なために、リユース市場がなければ買い替えが進まず、保有期間だけ

図表 2―3　リユース・ビジネスの類型

| タイプ | 対象となるリユース品 |
|---|---|
| 1．専門型リユース | 骨董品、専門古書、宝飾品、キャラクター商品、専門車など |
| 2．買い替え促進型リユース | 自動車、ブランドバック、ゴルフクラブなど |
| 3．生活・余暇支援型リユース | 衣料品、家電・生活用品、一般古書、ＣＤ・ＤＶＤ、レジャー用品など |
| 4．再生型リユース | 古着、宝飾品、情報機器、住宅・自動車などの再生・リメイク |

が伸びてしまうといわれている。リユース品流通と新品流通との補完関係を支えるリユース・ビジネスのあり方である。

そして、「生活・余暇支援型」リユースがある。

これは、私たちの日常生活、余暇生活をより合理的、経済的なものにするためのリユースである。商材としては、家電、衣類、CD・DVD、デジタル機器、カー用品など幅広いカテゴリーにわたる。最近では、スマートフォン（スマホ）を含む携帯電話のリユースが拡大しており、リユース品の取り扱いが数年のうちに国内で販売される携帯電話の一割程度を占めるようになるとも予想されている。[20] 新品へのこだわりさえ捨てれば、われわれにとっては合理的な生活の選択肢となるリユース・ビジネスである。

さらに、「再生型」リユースがある。

これは、リユース品に加工を施して、新たな商品として再生させるものである。古着のデザインを変更したり、装飾を施したりして〝リメイク古着〟として再生・販売する業者、結婚式に昔の母親のウェディングドレスをリメイクして着用したいというニーズにこたえる業者、古い宝飾品を現代風のデザインにリフォームするような業者が存在する。

デザイナーのナガオカケンメイ氏が立ち上げた「REWEAR（リウェア）」なども新たな試みで

ある。服の流行には、デザインや素材以上に色の影響が大きいという。そこで、廃棄される服に染色という行為を加えて、古着を現在のトレンドのなかに再生させようというものである[21]。

このような再生型のリユース・ビジネスとも言える。このようなリユース・ビジネスは、リユース品にひと手間かけることから、付加価値型のリユース・ビジネスともいえる。このような取り組みは、「アップサイクル」という表現で語られることもあるが、デザインや装飾の工夫によっては、もっとも利益性の期待できるリユース・ビジネスだといえよう。

## 消費者起点のリユース

リユース品の取引は、消費者同士で行われる場合もある。これはリユース品に特有の取引方法である。消費者が起点となって流通フローを起動させている。メーカーや小売業者主導ではない、消費者主導の取引形態である。

消費者起点のリユース品取引には二通りの形態がある。一つはフリーマーケットに代表されるような人と人とが直接介する「市場（いちば）型」と呼ぶべきもの、もう一つはインターネットを経由して取引を行う「ネット型」である。

「市場型」といえば、フリーマーケットやバザーが思い浮かぶ。フリーマーケットは公園や競技場に品物を持ち込んで来場者と価格交渉をしながら販売するもの。バザーは、保育園や学校などが資金調達のために品物を持ち寄って販売するものである。

「市場型」といっても、消費者が自然発生的に集まるわけではない。そこには市場を設定する仲介者が必要となる。例えば、フリーマーケットの場合、業者が場所を確保したうえで、そこに出店料（数千円程度、車を持ち込むかどうかで金額が異なる）を取って参加者を集める方式が多いようである。

このような形態以外にも、「xChange」が運営するような衣料品を中心とした物々交換会もある。これは、物々交換会というだけあって、不要となった衣料品にエピソードタグ（思い出、メッセージなどを記入）を付けて会場にディスプレイし、他の人の出品物と交換するという方法を採っている(22)。

物々交換という原初的かつ直接的な取引形態が機能したり、フリーマーケットでの思い思いの価格設定が受け入れられたりするのは、リユース品の取引には主観的な価値判断が大いに介在するからである。参加者はそれぞれの商品に込められたメッセージやその価格設定をおおらかに受け入れ、かつ楽しみながらリユース品の売買や交換を行っている。

事業者を通じたリユース・ビジネスに比べれば、フリーマーケットやバザーの市場規模は小さい。開催頻度が少なく、取引金額も小さいからである。それでもこのような「市場型」のリユースは、市場規模以上に、モノへの愛着やコミュニケーションの面白さなどを感じさせてくれるものである。

ところで、フリーマーケットに出かけると、開始後すぐにあちこちで商品を探索しはじめ、相当の物量を買い回っている人を見かけることがある。掘り出し物をみつけて、それをネットオークションなどで再販売しようという意図をもった人たちである。主観的な価値判断が幅をきかせる消費者同士の取引とはいえ、冷徹な品質評価の眼差しが交錯するのが現実である。

一方、「ネット型」のリユース品取引は、これまでネットオークションが中心的な存在となっていた。しかし、最近では、フリーマーケットサイト（「ジモティー」など）が開設されたり、スマホ用の〝フリマアプリ〟（「フリル」、「メルカリ」など）が登場したりしている。

これまでは、フリーマーケットに参加しようと思えば事前の申し込み、商品の取り揃え、値札の作成などが必要となった。しかし、スマートフォン（スマホ）の普及でリユース品の個人間取引に参加するハードルが低くなり、そのうえ全国の消費者を対象とした取引も可能になる。もともと個人間の取引には消費税がかからないというメリットもある。消費者同士（C to C）の取引においても、インターネットを経由する割合が徐々に拡大していくことになるだろう。

## 自治体とリユース

リユースの拡大に向け、自治体でもいくつかの取り組みが行われている。

環境省ではリユース促進のためのモデル事業を選定しており、二〇一二年には愛知県大府市の使用済小型家電の宅配リユース・リサイクル事業、大阪府泉大津市の不用品情報の共有化事業（掲示板、市のホームページの活用）、東京都町田市のリユース品引き取り事業の三件を対象にリユース事業の事業化調査を行った。また、二〇一三年には群馬県高崎市の「リユース宝市」事業、神奈川県葉山町の「くるくる市」（物々交換）事業の二件が対象となっている。(23)

これらの取り組みでは、再販売が可能な良質なリユース品がうまく集まらないなどの課題が出てきているという。それでも環境省の旗振りによって、様々な形態によるリユース品活用のあり方が検証されている。一部では、ベビー用品やキッズ用品などへの需要が高いこと、不用品情報を共有化する効果が高いこと等の知見も得られ始めているようだ。

自治体による取り組みのなかでも、東京都町田市の事例は他市町村に先行する動きである。

同市は「まちだエコライフ推進公社」を二〇一二年に設立し（一九九四年に設立された町田市リサイクル公社を法人化）、市内の粗大ごみを回収している。しかし、町田市に特徴的なことは、粗大ごみのうち再生できそうなものを選別し、補修したうえでリユース品として販売していることである。一方、公社で再生できないものは、リユース業者に売却するという対応をとっている[24]。同市では、リユース品の再生と販売業務自体は、町田市シルバー人材センターに委託しているが、リユース品の販売店も開設する（二店舗）という本格的な取り組みである。店舗で販売されるリユース品は、市民がインターネットでも閲覧することも可能である。

町田市におけるリユース品活用のメリットは、ゴミの削減にとどまらず、市民サービスの向上やシルバー人材の活用にも及んでいる。リユース品の活用が、資源の有効活用にとどまらず、幅広く社会的な有効性を高めていることがわかる事例である。

# 5 リユース拡大の背景

## 経済性

リユースが拡がる背景には、いくつかの要因がある。まず、経済性である。

環境省の調査でも、リユース品を売却する理由の第一位は金銭的な理由であった。このような経済性への意識は、リユース品を購入する場合にも同様であろう。経済的な低成長をながく経験したわれわれに、生活をより経済的なものにしようという誘因がはたらくのは当然である。リユース市場の成長は、このような生活防衛の意識と無関係ではない。

企業でも、オフィス家具や備品をリユース品でまかなうところは多い。資金をより効率的に活用しようという動きである。基礎的な資材はリユース品で対応し、余剰資金は重点分野に振り向けるというポートフォリオ発想は、企業のみならず個人の生活においても有用である。こだわるモノには金銭を重点投資するが、一方でそうでないモノには経済性を追求する。このような生活が、思いのほか拡がってきているのかもしれない。

## 豊富な社会的ストック

社会的な製品ストックが豊富であることも、リユース拡大の要因であろう。身の回りをみれば、すでに生活に必要な資材は充分に揃っている。ほとんど使用することのない衣料品や生活用品も多い。すでに豊富なストックがあるうえに、祝儀・不祝儀を問わず儀礼的な品物のやりとりが行われる。ギフト余剰品だけでも、社会的にみれば相当の量にのぼるはずである。

一時期、〝断捨離〟という言葉が話題になった。〝不要なモノを捨て、モノの執着から離れた生活を送る〟という意味である。このような言葉や暮らし方が話題となるのも、われわれが余剰なモノに囲まれた生活を送っているからである。社会に様々な製品がすでに豊富にストックされていることが、リユース市場の拡大をあと押ししていることは間違いないだろう。

事実、消費税が八%へと増税された二〇一四年四月以降、中高年も含め、衣料品や雑貨、フィギュア等をリユース店に持ち込む消費者が増えているようだ。なかには、四月以降、手持ちの品物を売却するために訪れた消費者が前年対比で四〇%も増えたリユース店もあるという[25]。まさに、家庭内の豊富なストックを活用した生活防衛の動きである。

## 新品購入のリスク

新品購入リスクの高まりも、リユースが拡がる要因の一つである。

私たちの回りでは、あらゆるカテゴリーにおいて多くの新製品が開発されている。現在のように、技術革新のスピードが速く、それにあわせて製品のモデルチェンジやアップグレードが頻繁に行われるような状況では、新製品に飛びついてもすぐに陳腐化するリスクが高まってしまう。

スマートフォン（スマホ）の代表的なブランドである「iPhone」は、二〇〇七年の発売（米国）以来、毎年のように処理性能、データ容量、カメラ機能などの改善を続け、一〇年にも満たないうちに、当初の機種とは比べものにならないほどの進化をとげている。掃除用ロボットも同様で、センサー機能や吸引力などの進化は目覚ましい。

このように技術革新のスピードが早い状況では、モデルチェンジを深追いせず、安価なリユース品で済ませたほうが合理的だという考え方も可能である。事実、携帯電話（含：スマートフォン）のリユース市場は成長を続けている。

この他にも、リユース市場の拡大には天災のリスクが影響していることも考えられる。苦労して購入したものでも、それらが失われてしまうことがある。このようなリスク感度の高まりも、高価な新品を購入することをわれわれに躊躇させている可能性がある。

# 6 リユース活用の実践学

## 長屋暮らしとリユース

われわれとリユース品との付き合いは古い。さかのぼれば、江戸時代から古物商は庶民にとって身近な存在であった。

まだ所得水準の低かった当時、長屋暮らしの庶民たちの持ち物は仕事道具、衣類、布団、食器などに限られていた。こたつや蚊帳などの季節的な用具は借りて済ませる一方、日々の暮らしに必要なものは古物をよく利用したという。古着屋、古骨（傘）買い、古椀買いなどが庶民によく活用されていたようである[26]。

江戸時代の風俗について記した『守貞謾稿』（喜多川［一九九六］）によれば、「江戸にて同生業群居する地」のなかに「富沢町（現日本橋富沢町）および橘町（現東日本橋三丁目周辺）の古着店」があげられている。当時の古着店は「毎朝晴天の日は大路に筵《むしろ》を敷き諸古衣服を並べ、また見世にもこれを並べ、同買および諸人にこれを売る。巳の下刻にはこれを収めて、表に格子を立つ」という商売の様子であった。(27)

一方、武士には献残屋という業者が活用された。献残屋は、「江戸にありて京坂にこれなき生業」とされ、献上品の残余を商う業者である。(28) 当時の武士たちは、そこから幕府高官などへの献上品を再調達したり、それらを私的に使用したりするなどした。品物としては、干し鮑や昆布、鰹節などの乾物がよく取引されていたようである。

このような業者の存在は、当時の武士たちの間では義理上の贈与交換が盛んに行われていたことを示している。(29) それでも、当時の武士たちは、そのような慣習に対しても、リユース品を活用しながらうまく対処していたのである。江戸時代の武士や庶民に、われわれもリユース品活用の実践学を学ぶ余地がありそうである。

## ●売るリテラシー

リユース品を生活に取り込むというと、おもにリユース品を〝買う〟ことが想起される。しかし、リユース品を〝売る〟経験をすることは重要である。手持ちのモノが、幾ばくかの金銭に替えられることに改めて気づくことができる。生活において不要なモノを金銭に替えること、これがリユース品を売ることとの合理的な側面である。

しかし、リユース品を売るという行為は、合理的な側面だけにとどまらない。資源を有効に活用したという社会貢献の意識も、リユース品を売る行為の見返りである。ときには、手持ちのモノがインターネットオークションで思いのほか高く売れるようなこともあるらしい。このような余禄にあずかれるのも、売ってみてはじめて経験することのできる面白さであろう。

このように、リユースを売るという行為には、合理的なメリットに加えて精神的・情緒的なメリットもある。中元や歳暮の品、祝儀・不祝儀の返礼品などは家庭内に在庫されやすい。まずはこのような〝新品〟から、売ることを始めてみるのもいいだろう。

われわれにとって、〝売る〟という行為は、どこかうらぶれた感覚が付きまとうものであった。しかし、リユース市場の成長や行政の後押しもあり、不要なモノを売るという行為にそのような感覚を抱くケースは減ってきている。ふだんは消費者と呼ばれているわれわれが、売る側に立てるのはリユース品取引のときだけである。われわれとしても、リユース店やフリーマーケット、インターネットなどを活用し、不要なモノは売るという行為にまずは取り組んでみる価値がある。

## 買うリテラシー

リユース品を〝買う〟という行為も、合理的な側面と精神的・情緒的な側面からとらえるとわかりやすい。

リユース品を買う合理的な価値とは、まさに経済性である。そのような価値を求めるのであれば、まずは生活のなかに、リユース品で置き換えがきくモノ、リユース品のほうが相応しいモノを見出していくことである。

リユース店を訪れると、子供服の売場が賑わっていることが多い。子供は成長が早く、着るものはすぐに汚してしまう。子供服は、安価なリユース品を都度購入して利用したほうが効率的なモノの代表格である。文庫本なども、リユース品を購入して読み捨てるという行為が可能であろう。使用するのが一定期間にとどまり、かつその間の使用頻度が高く、また処分するのが容易なモノをリユース品に置き換えるのは、生活上の合理的な選択である。

また、新たなスポーツに取り組むときなど、用具をリユース品で取り揃えるほうが相応しい場合もあろう。技術の上達に合わせてより上位の機種に変更していくとき、あるいは複数のタイプの機種を試用する場合などは、リユース品の価値が発揮されるときだろう。このように、まずは生活をより合理的なものにするという観点から、リユース品との付き合い方を考えていく必要がある。

一方、リユース品を買うという行為に、精神的・情緒的な価値が伴うこともある。骨董品や古着は、その代表的なものであろう。

「PASS THE BATON（パス・ザ・バトン）」という、アンティーク雑貨や古着などを取り扱う店舗がある。様々な個人の私物にその品ならではのエピソードを付けたうえで、委託販売を行うという方式である。買い手がその品物に共感すれば、今度は自分が購入してそのバトンを受け継ぐというコンセプトである。このような場合、買い手はその品物の持つ情緒的な側面に価値を見出し、それを購入していることになる。また、出店者（古物商）の価値観で品揃えしたリユース品を拾う蚤（のみ）の市に集まる人たちも同様である。

リユース品には、そこに自分なりの価値を見出していくという側面がある。そのような精神的・情緒的な側面を大切にする一方で、リユース品で置き換えがきくモノは貪欲に取り入れるというスタンスをあわせ持つことが、リユース品を賢く生活に取り入れるコツなのであろう。

# 7 リユース生活の意味するもの

## 消費者起点の流通

リユース品を活用する生活の拡がりは、〝消費者起点の新たな流通〟が動き始めたということである。

新品の流通を一次流通とすれば、リユース品の流通は二次流通と位置づけることができる。これまであまり注目されることはなかったが、これは生産者起点ではない、消費者起点の流通である。消費者が店舗にリユース品を持ち込むことによって、あるいはインターネットオークションに出品することによって、新たな流通フローが起動されているのである。

そのような消費者起点の流通が、現在では一兆円を超える規模にまで成長してきている。さらに、インターネット経由での取引も拡大するだろうことを考慮すれば、リユース品の流通はこれまで以上に注目されてよい流通形態である。

リユース品の流通はまだまだ変化の途上にある。それでも、リユース品流通に関わるプレイヤーやそれぞれの機能、あるいはリユース品を活用する消費者心理などについての整理が進んでいけば、〝もう一つの流通のかたち〟も、より見通しの良いものになっていくのではないか。

## 消費の時間軸を拡げる

リユース品の活用は、〝消費の時間軸〟を拡げたとみることもできる。

消費とは、もともと「消滅させる」、「浪費する」という（良くない）語源の言葉であった。それが一九世紀以降、製造業者や広告代理店の活動を通じて、見込み生産したものを使い尽くすという意味に変化したとされる。[30] つまり、企業のマーケティング活動がさかんになるにつれ、消費という言葉には、おもに〝新品を購入すること〟、〝新品を使用すること〟という意味が割り当てられてきたことになる。

しかし、リユース品の流通過程をみれば、通常の新品の購入・使用のあとに、さらにリユース品としての再販売・再使用過程が存在するのである。リユース市場が年々拡大していることを考えれば、消費を新品の購入・使用をもって完結するものととらえるのは、もはや妥当ではないだろう。

つまり、消費という行為を、その後のリユース品の活用も含め、もう少し長い時間軸のなかで捉えなおしてみる必要があるのではないかということである。そのような視点に立ってこそ、現在の消費行為へのより実態的なアプローチも可能になるように思われる。

### ❖価値共有の社会的ネットワーク

さらに、リユース品の拡がりは、〝価値共有のための社会的なネットワーク〟が生まれつつあるとみることもできる。分かりやすくいえば、〝社会的なお下がり〟の仕組みである。

子ども用の衣料品を例にとってみよう。これまでは兄弟も多く、兄の洋服が弟に、というケースがよく見られていた。しかし、少子化の現在、そのような着回しが可能になるような家庭は多くない。そこで、リユース店やフリーマーケットなどを介して着られなくなった洋服のやりとりが可能になれば、社会的にみても有効であろう。

ボッツマン&ロジャース［二〇一〇］の表現を借りれば、資源の「再分配市場」が生まれつつあるということである。言い換えるならば、リユース品の活用を通じた〝所有権のシェア〟である。リユース品の拡がりは、このような社会的なネットワークの観点からも注目されてよいはずである。

リユース品の拡がりを改めて見つめると、これまではあまり注目されてこなかった消費や流通のもう一つの姿が現れてくるのである。

## 8 おわりに

個人向けリユース品の市場規模が一兆円を超えた（二〇一二年）。そこに新たなビジネスチャンスを見出し、新規参入を図る大手企業も多い。一方で、リユース品の売買経験者はまだ四〇％程度にとどまっている。これがリユース市場の現状である。

それでも、二〇代や三〇代の人たちを中心に、リユース品との距離感は縮まってきている。様々なリユース・ビジネスが展開されることで、リユース品との接点も拡がっている。行政がリユース品の活用を後押しする例をみることもできる。豊富な社会的ストックを活用して、合理的な（あるいは精神的に豊かな）生活をおくる条件は整いつつあるといえる。

リユース市場の今後の成長は、われわれがそのような環境をどう取り込んでいくかにかかっている。また、リユース品の取引は、消費や流通の有りようをより実態的にとらえるという意味でも、興味深い素材である。

**注**

（1）本章では、「リユース品」を中古品と新古品（未使用・未開封の旧品）を含む用語として使用している。

（2）同協会ホームページ〈http://www.re-use.jp/〉。

（3）環境省［二〇一三］。ちなみに、リユース市場における自動車の販売額は一兆七、四四五億円、バイク・原付バイクが一、七〇六億円であり、それらを含めると、リユース品の市場規模は約三兆一、〇〇〇億円となる。また、リユース品の市場規模（除：自動車、バイク）は、二〇一三年時点で約一兆五、〇〇〇億円に達したという見方もある（リサイクル通信編［二〇一五］）。

(4) リサイクル通信編［二〇一四］(原データは環境省［二〇一三］)。ちなみに、二〇一三年時点での推計値によると、ブランド品、衣料、服飾雑貨、家電などが二〇一二年対比で二桁以上の伸びとなっている(リサイクル通信編［二〇一五］)。
(5) 永江［二〇一四］八四―八五頁。
(6)『日本経済新聞』二〇一四年一二月二四日。
(7) 環境省［二〇一三］(この節における他のデータも同様である)。
(8) ブックオフコーポレーションの松下社長、セカンドストリートの久保社長などのコメントによる(『商業界』二〇一二年一一月号)。
(9)『日本経済新聞』二〇一四年五月一日。
(10)『日本経済新聞』二〇一四年五月一〇日。
(11)『日本経済新聞』二〇一四年四月二四日。
(12) これらの四品目は、いずれもリアル店舗での購入比率が三〇%未満(インターネット販売サイト、インターネットオークションを含むその他の方法での購入比率が七〇%超)の製品群である(環境省［二〇一三］)。
(13)『日経MJ』二〇一四年五月二八日。
(14)『日本経済新聞』二〇一四年六月三日。
(15)『日本経済新聞』二〇一四年七月一一日。
(16)「『アマゾンで中古車を購入』は根付くか」東洋経済オンライン 二〇一四年六月一一日(http://

toyokeizai-net/articles/-/39764)。
(17) 『日経エコロジー』二〇一三年一一月。
(18) アイコジャパン社長：岡本昭史氏のインタビュー（リサイクル通信編［二〇一四］）。
(19) 『日経産業新聞』二〇一三年六月二一日。
(20) 『日本経済新聞』二〇一四年九月一二日。
(21) 『日経MJ』二〇一四年一一月二六日。
(22) 「xChange」ホームページより〈http://letsxchange.jp/〉。
(23) 環境省［二〇一三］および環境省ホームページ。
〈http://www.env.go.jp/press/press.php?serial=17481 など〉。
(24) 『日経エコロジー』二〇一二年一二月を参考にした。
(25) 『日経MJ』二〇一四年九月二九日。
(26) 中江［二〇〇七］七二―七七頁、一一六―一一八頁。
(27) 喜田川［一九九六］一七五頁。
(28) 喜田川［一九九六］一八六頁。
(29) 田村［二〇一一］三〇―三五頁。
(30) ウィリアムズ［二〇〇二］七五―七六頁。

# 第3章
# ポイントの生活
## ―「おカネのようなもの」を活かす―

①はじめに
②ポイント集める賢い生活
③ポイントとは何か
④ポイントの留意点
⑤ポイントの位置付け
⑥ポイントに見る意識の変化
⑦おわりに

# 1 はじめに

多くの家電量販店やチェーンストア、航空会社に鉄道会社……、様々な事業者が顧客にいろいろな「ポイント」を発行している。彼らは、「ポイント」を顧客に与えることで、再び自分の店に買い物に来てくれることを期待しているのと同時に、ポイント・カード登録で集めた彼らの情報を販売促進活動に役立てようと考えているからだ。

一方、賢い顧客は、いろいろなものに交換できる「ポイント」をたくみに集め、その恩恵を最大に受けようと楽しんでいる。つまり「おカネのようなもの」として賢く使いこなしているのだ。

この節では、「ポイント」という「おカネのようなもの」を人々がどのように使いこなしているのか、その様子を垣間見ることから「おカネ（おカネのようなものを含む）」に対する考え方がどう変化してきているのかを考えてみる。

## ②ポイント集める賢い生活

「陸（おか）マイラー」という言葉をこれまでに何度か耳にしたことがあると思う。本来は航空会社の路線を利用することでマイレージが加算されるが、航空会社が発行するクレジット・カードで水道光熱費等の家計含め一切の支払をすることで、飛行機に乗らなくてもカードの利用金額に応じてマイレージが獲得できる。さらに、その航空会社と提携する飲食店や専門店のポイント・カードで貯まったポイントを、その航空会社のマイレージにすべて交換して追加することも可能である。そして、貯まったマイレージを海外航空券に交換して海外旅行を楽しむ人がいる。こうした人の総称が「陸マイラー」だ。

また主婦たちは、いつも買い物をするスーパーのポイント・カードを作り、日々の買い物でポイントをこつこつと貯めている。チラシで「ポイント一〇倍!」「ポイント大幅還元!」などという日は、こぞって買い物に行きポイントを貯めまくる。亭主が買い物に行くときも「今日は○○スーパーに行って!ポイントがお得だから。ポイント・カードも持って行ってね…」と指示を飛ばす。そして貯まったポイントで、ちょっとした贅沢な食材を買ったりして楽しんでいる。二〇一四年四月の消費税増税後、多くのスーパーでは消費が冷え込まないようポイントの還元率を高めたと聞く。何人かの主婦からは「増税分以上にポイントが付いたから、実質値下げに等しいわよね」との声も聞く。すなわち、賢い主婦はポイントを使いこなしているのだ。

カルチュア・コンビニエンス・クラブ株式会社（以下「ＣＣＣ」）が運営する共通ポイント・サービス「Ｔポイント」は、二〇一四年三月三日同社プレスリリースによると二〇一四年一月末時点で四、七〇〇万人を超える会員を有し、その提携店舗も六七、〇〇〇店を超えている。朝起きてコンビニでコーヒーと朝食用のデニッシュを買い、お昼はファミレスでランチ、夕方マイカーに給油して、夜は焼肉からカラオケ……。これすべてでＴポイントが稼げるのだ。さらに、提携している人材企業に勤めているならば「働いてＴポイントが貯まる」仕組みとなっている。半年頑張って働いたご褒美に、福利厚生の一環として「Ｔポイント」がもらえる時代なのだ。もちろん貯めたポイントでチョット贅沢したり、海外旅行に行ったり、いろいろ消費者は賢く楽しんでいる。

その一方で、使いこなせない消費者もいるのが事実である。あなたの財布には何枚のポイント・カードがあるだろうか。さらに財布に収まりきれないカードが、家の中にたくさんあるのではないだろうか。同じお店のカードが複数枚ある人もいると思う。買い物に行ってお会計のときに「ポイント・カードはお持ちですか?」「あっ、忘れました」という経験は誰にでもあるにちがいない。また支払の際に「貯まっているポイントでお願いします」と言ったら「お客様、有効期限切れです」とか…。このようにポイントを使いこなしていない消費者も数多いると思われる。

ポイントがこれだけ普及した時代、賢くポイントを使うか否かで大きな差が生活に生じるはずである。では、ポイントとはどういうものなのか。なぜ、消費者はポイントを使いこなす楽しみを覚えてしまったのか。それはどういう背景なのか、こうしたことを考えることで人々の生活意識の変化を垣間見てみようと思う。

# 3 ポイントとは何か

## ●ポイント・サービスの概要

ポイントは、商品やサービスの購入金額や来店回数等に応じて、発行者が一定の条件で計算して顧客に付与するものである。例えば、小売店が購入金額の一％のポイントを発行し、次回以降来店時に一ポイント当り一円相当の利用ができるといったものだ。経済産業省［二〇〇九］によれば、小売業者、クレジット業者、航空会社、通信会社等の様々な事業者が販売促進や顧客囲込み等のために独自に発行しているといわれている。これら事業者は、単純な値下げによる販売促進ではなく、顧客の反復購買を促すことを第一の狙いにしている。消費者がある店で買物したとき、そのお店が買物額に応じてポイントを発行すると、消費者は次に買物するときそのポイントが利用できるその店で買おうとするはずである。つまり、お店は、消費者を他の店で買い物しないように囲い込み継続した反復購買をする顧客に変えてしまう、要するに顧客ロイヤル化のための販売促進手段、マーケティング手段としてポイントを発行しているのだ。いうなれば、顧客が貯めたポイントはその店でしか利用できないようにすることで、他に逃げないように囲い込むといった「クローズド」なサービスを提供して顧客ロイヤル化を促進するのが、ポイント・サービスの当初の目的なのである。

## ●ポイント・サービスの始まり

ポイント・サービスはいつ頃から始まったのだろうか。ポイントの原型は、かつて零細な小売店や商店街等が、顧客が一定金額以上の買物をすると次回の買物で一定の割引が受けられたり、景品と交換できたりするサービス券を発行したことにあると考えられる。いわゆる個人商店が提供する「おまけ」だった。日本では、共通スタンプサービス事業として一九五八年にグリーンスタンプが創業し、一九六二年にブルーチップが創業したことが、ポイント・サービスの事業化の原型といわれている。つまり個人商店が独自に行っていた「おまけ」を、ビジネスの枠組みに拡大したのである。

現在のようなポイント・サービスの発端は、一九八一年にアメリカン航空が、航空路線の自由化により航空料金が値下がりする中で、顧客に対するサービス面での差別性を高めるために始めたマイレージ・サービスといわれている。日本では、一九八九年に家電量販店のヨドバシカメラが最初にポイント・サービスを始め、一九九七年以降航空会社各社のマイレージ・サービスが本格的に始まった。

このように初期のポイント・サービスは、単純な値下げ競争からの脱却を意図した顧客ロイヤル化を主目的としたものだった。そして、その内容は、自分の店で買物した人やサービスを受けた人にポイントを発行し、そのポイントの利用は自分の店に限られるといった発行者側と顧客との間だけの「クローズド」なものだったのである。それゆえ、発行者は顧客に直接的に販売促進や広告宣伝活動を行うことに併せ、顧客にポイントというベネフィットを直接還元する方法が取られたのである。早稲田大学の守口剛教授の調査によれば、ポイントには単純な値引きに比べて四倍の集客効果がある、といわれており、顧客の獲得に非常に有効な手法といえる(1)。

## ●ポイントの発行規模

では、ポイントは年間どのくらい発行されているのだろうか。野村総合研究所（二〇一四年五月一六日ニュースリリース）によると、二〇一二年度に国内一一業界の主要企業が発行したポイントは、最少でも八、六八四億円と推計している。前年度に比べると、ポイント還元率（購入金額の何％相当のポイントを発行するかという割合）が低減したこと及び売上が低迷したことで、約一一％減少（二〇一一年度は九、七七二億円）した。初めて前年を下回ったわけだが、同研究所は二〇一三年以降ポイント会員数の増加やポイントの適用が高まることで、二〇一八年度には九、九三〇億円規模まで伸長すると予測している。

また、ポイント還元率を購入金額の一％とすると、八、六〇〇億円相当の発行ポイントは八六兆円相当の買物がもとになっていると推計できる。この規模は、日本の二〇一二年度最終消費支出額が二三四兆円だから、普段の私たちの消費支出の約三六％がポイントの対象となっている計算だ。もし日本の最終消費支出額（二三四兆円）すべてに一％のポイントが付与されるならば、二兆円を超える規模まで拡大する可能性も計算上は考えられる。

ポイント・サービスは、「共通ポイント」と「自社ポイント」の二つに大別できる。前者は、コンビニエンスストアやガソリンスタンドで貯めたポイントが、レストランの食事に使える、食品スーパーで使えるというように複数のお店などで共通して使えるものだ。後者は、ある特定のお店だけでしか使えないポイントである。

「共通ポイント」で有名なのは、前述の「Tポイント」がまず挙げられる。二〇〇三年から事業運営を始めたが、運営開始直後からチェーンストア小売業やガソリンスタンド等との連携を拡充し会員の便益を高めることに余念がない。佐賀県武雄市では、CCCが同市から図書館等の運営を受託したことを受け、二〇一三年四月から武雄市図書館・歴史資料館の利用カードとしても使われている。二〇一三年度の来館者数は九二・三万人（二〇一一年度の三・六倍）、図書貸出利用者数は一六・八万人（同二・〇倍）になっている。また教育産業と連携し子供の目標達成に応じてTポイントを付与する等、様々なサービスの拡がりを見せている。つまり、元来の特定のお店での買物の「おまけ」ではなく、生活のさまざまな場面にポイント・サービスが浸透しつつあるといえる。その結果、同社二〇一四年三月三日プレスリリースによれば、二〇一三年の年間Tカード総利用件数は前年比一二五・七％の二四・九億件に達したとのことであり、平均すれば国民一人当り年間二〇件以上利用していることになる。二〇一三年七月にはヤフーとポイントを統合、インターネット上のIDもヤフーIDに統合した。二〇一二年六月一九日の両社ニュースリリースによれば、「Ｙａｈｏｏ！　ＪＡＰＡＮとＣＣＣは、Ｙａｈｏｏ！　ＪＡＰＡＮが展開する日本最大級のジオサービス「Ｙａｈｏｏ！　ロコ」と、ＣＣＣが有する地域代理店を相互活用し、「Ｔポイント」提携店舗網拡大と地域活性化への貢献を図ります。またＹａｈｏｏ！　ＪＡＰＡＮとＣＣＣは、インターネット上での「Ｔポイント」提携サービス拡大に向けた営業活動を行い、インターネットを通じたさらなる「Ｔポイント」流通量拡大を図ります。併せてＹａｈｏｏ！　ＪＡＰＡＮが有する媒体力を最大活用し、既存の「Ｔポイント」提携店舗への送客拡大を図ります。」とあり、リアルとインターネットのＴポイント提携店舗網と相互送客の拡大を意図しているのが理解できる。

こうした反面、Ｔポイントから脱退する企業も散見される。二〇〇九年一月には居酒屋白木屋等を経営するモンテローザ、六月にはワーナーマイカルシネマズ、二〇一〇年一月メガネスーパー、九月ブックオフ、二〇一二年九月近畿日本ツーリスト等々…。その背景にはまず、運営会社であるＣＣＣへ支払う手数料や支出ポイントに見合う収益増が見込めないと判断したことがあると思われる。次に、本来ポイントは自社への顧客囲い込みによるリピーター育成が目的だったはずなのが、Ｔポイントのように汎用性を高めたオープンなシステムの場合、他社顧客の誘引も見込める半面、自社で付与したポイントを自社で消費してもらえるとは限らないというジレンマもあると考えられる。さらに、かつてポイントにまだまだ希少価値があった頃は同業他社に対するサービス面での優位性・独自性があったが、乱立する状況においてはこれらが喪失したと考えたからともいえる。すなわち、元来のマーケティング手段としての費用対効果が見込めない、プロモーション手段としての魅力がなくなったゆえ脱退したと推察できるのである。

またTポイントと同様に幅広いサービスで有名なのが、「Ｐｏｎｔａ」である。Ｐｏｎｔａは、二〇一〇年三月にローソン、三菱商事、昭和シェル石油等が提携し、三菱商事の一〇〇％子会社として設立された株式会社ロイヤリティマーケティングが運営する共通ポイントである。二〇一四年一月一五日付の同社プレスリリースによると、会員数は六、〇〇〇万人を突破、提携社数は七〇社、利用可能店数は約二二、一〇〇店にまで、四年弱の期間で急成長している。Ｐｏｎｔａカードの利用件数は月間一・八億件なので、年間では二一億件を上回ると推計される。

このように共通ポイントも成長しているが、ポイント全体も伸びていることを鑑みると、「自社ポイント」も増加しているとも見込まれる。その背景には、発行者自体が増加していることに加え、貯めた複数の「自社ポイント」をポイント交換サイト経由で一つのポイントにまとめられることが考えられる。ポイントを交換する際のルートの検索サイトである「ポイント探検倶楽部

（通称：ポイ探）」は、二〇一三年一二月二五日のニュースリリースによると、登録会員数は一〇万人超であり、登録ポイント・サービス数も一六カテゴリー、二五〇種類に及んでいる。二〇〇六年に設立され、二〇〇八年当時のポイント資産は五・五億円とのことなので、現在はさらに資産を増やしていると推測される。ここではポイントからポイントへの交換以外にも、ポイントから前払方式の「電子マネー」（ＳＵＩＣＡ、ｎａｎａｃｏ等）への交換も可能だ。さらには数多あるポイント交換サイトの中から交換比率の良いサイトを見つけることで、ちょっと得した楽しみも得られるのである。

## ❖ ポイントとディスカウント（値下げ）の関係

一方、昨今のポイントの乱発は、実質的なディスカウント（値下げ）であるとの意見も散見される。例えば、近年ドラッグストアが調剤業務を拡充する方向にあるが、ドラッグストアで調剤薬を購入した場合、そのドラッグストアのポイント（いわゆる「自社ポイント」）がもらえる。そして次回以降は、その自社ポイントで調剤薬を購入する、といったことができるかもしれない。（今はダメだが…。）つまり、将来もしかしたら、実質的に調剤薬がディスカウントされる可能性もあると想像できる。

これを受け、日本薬剤師会等は、医療は全国一律の料金であるべきだとする医療保険制度の根幹を揺るがす、と指摘している。(2)こうした中、二〇一〇年夏に厚生労働省が、調剤薬購入時にドラッグストアが自社ポイントを付与することについて「違法ではない」との見解を示したことを受け、多くの調剤併設型ドラッグストアでは、積極的な対応（ポイントを利用して調剤薬は購入できないが、調剤薬購入時に自社ポイントを付与する対応）を進めてきた。(3)しかしながら、二〇一一年一一月二日厚生労働省は、中央社会保険医療協議会総会で「調剤薬について自社ポイントの付与を認めないことを今後の原則としてはどうか」と提案し直したのである。そして、二〇一二年一〇月から「保険薬局及び保険薬剤師療養担当規則」等を一部改正し、保険調剤に係る一部負担金に対しポイントを付与することは負担金の一部減免に相当し公的社会保険制度の崩壊に繋がりかねないとの認識から、調剤薬に対しては原則ポイント付与を禁止としてしまった。但し、クレジット・カードや電子マネーのポイントについては「消費者の利便性を考慮し『やむを得ないもの』として認める」としており、部分的にポイント付与を認めた形となっている。(4)これに対し、調剤薬への自社ポイント付与を推進してきた日本チェーンドラッグストア協会は、適正な行政対応を求めているのが実情である。

このように見方によっては、ポイントをディスカウントの一つと見る可能性もある。しかしながら、ポイント交換の自由度が高まり、自社ポイント内だけのクローズドなサービスから、むしろオープンなサービスに変容している現在においては一概にディスカウントの一つと解するのは狭い見方であるとも思う。賢い消費者は、ポイントを単なる「値下げ」ではなく、「おカネのようなもの」と認識しており、その場の「お得感」で利用するのではなく「有用なもの」として幅広く集め、他のものと交換して効果的に使っているのが実態だからだ。

## 4 ポイントの留意点

このように「おカネのようなもの」として便利に使われているポイントだが、これらを多用することの問題はないのだろうか。利用者はポイントに対してどのような行動を取るのかを行動経済学の観点から整理するとともに、ポイントに対する利用者の信頼を高めるための利用者保護の動きについて考えてみる。

## ❖利用者のモラル（行動経済学の観点から）

行動経済学研究の第一人者でデューク大学のダン・アリエリー教授は、その著書『予想どおりに不合理』（二八七―三〇四頁）の中で、代用貨幣を使うときの方が実際の貨幣を使うときよりも不正が多く発生することを指摘している。同氏は、その理由を、現金に対しては道徳意識が高く不正を犯そうとは思わないが、現金から離れた代用貨幣である現金引換券に対しては道徳意識に基づく制約から解放されるため、不正を犯すことへの罪悪感が薄まるからではないか、と説明している。また、同氏自身過去において、何者かが彼のスカイプのアカウントに進入しインターネット通話料の数百ドルが彼のペイパル（インターネット決済システム）のアカウントに請求された経験を述べている。同氏は、この犯人はおそらく財布から直接現金を盗むことはしないだろうが、たまたま「無料」の通信を勝手に利用した程度の意識しかないのではないか、と論じている。

犯人が良心の呵責を感じないであろう理由として、①本人は通話時間を盗んだのであって、現金を盗んだのではない、②本人はこの取引から具体的なモノを得ていない、③本人はスカイプから盗んだのであって実在の人物から直接金銭を盗んでいない、④通話料はペイパルを介して自動的に請求される仕組みであり直接同氏に請求されることはない、ことを挙げている。つまり、直接に犯罪行為が及ぶのではなく、中間に間接的処理が介在するため、「気軽に」犯罪行為に及んでしまったのではないかと考えているのである。この経験を受けて、同氏は、「もし、スカイプ事件の原因が、お金ではないものによる取引というスカイプの特性にあるのなら、様々なインターネットのサービスや、ことによるとクレジット・カードやデビット・カードにまで及ぶ、もっとずっと大きな危険を孕んでいることになる。こうした電子商取引は、手から手へと物理的に現金をやりとりするわけではない。そのため、自分の行為の不道徳さを自覚したり、疑問を感じたりすることなく、不正直になってしまいやすいのかもしれない」（『同書』二九七―二九八頁）と主張している。

さらに、同氏はその友人の経験として、航空会社のマイレージ・ポイントについても道徳的観念が薄れてしまうことを指摘している。その友人は、こつこつと貯めたマイレージ・ポイント（二五、〇〇〇マイル分＝四五〇ドル相当）を休暇に使おうとした際、利用したい日の便はすべて利用できなかったそうだ。しかし、航空会社の職員は、もし五〇、〇〇〇マイル分のマイレージ・ポイントを使う気があるなら空席が見つかるかもしれないと言い、実際調べてみると多くの空席が見つかったそうである（『同書』三〇〇頁）。果たして、これが現金取引の場合だったら、容易に航空会社の職員は倍の料金をその友人に提示したのだろうか。この事例も、同氏の主張のように現金ではない「おカネのようなもの」であるポイントに対して道徳的観念が希薄化する一例といえよう。

現に日本でも、ビックカメラのインターネット通販サイト「ビックカメラドットコム」で、他人のＩＤとパスワードを使って本人になりすましたポイントの不正利用があり、約二〇人が数十万円の被害を受けた例がある[5]。

ポイントを含めた擬似貨幣に対する人々の道徳意識が、現実の貨幣に対する意識よりも相対的に低いのであれば、短期的に支払手段として使うことに問題はないとしても、中長期に資産として貯蓄しようという考えには到底及ばないと思われる。特にポイントは、普段の買物で簡単に集められ気軽に交換できる便利な「おカネのようなもの」なわけだから、要領よく集めパッパッと使うというのが賢明と考えるのが自明である。

## 利用者保護の必要性

日本航空が産業再生機構の傘下に入り会社再建が図られた。その際、負債整理の一環として「ＪＡＬマイレージ・ポイント」が失効するかもしれないと心配した人もいると思う。擬似貨幣、特にポイントの場合、発行者が破綻したときの債権保全に係るリスクが存在する。電子マネー及びポイントに係る利用者保護について、伊藤［二〇一〇］を基に以下に整理してみよう。

電子マネーの場合、二〇一〇年三月までは前払式証票の規制等に関する法律（一九八九年施行、「前払式証票規制法」という）により規制されていた。この法律は、一九三二年施行の商品券取締法が改正されたもので、本来はプリペイド・カード規制を目的とするものだった。情報通信技術の進展に伴い、証票を介さずにサーバー上でデータを管理する電子マネーへの対応を要することとなり、二〇一〇年四月に資金決済法が施行され、前払式証票規制法は廃止された。現在は、資金決済法に基づいて、発行価額の一定割合相当額を供託することでリスク保全が法的に担保されている。なぜならば、電子マネーは利用者が実際にお金を払ってチャージするので、それ自体が利用者の個人財産だからだ。

一方、ポイントは、発行者が自らの自由裁量で「おまけ」として発行するものだから、利用者保護責任も発行者自らが負うべきで、公に保護するには当たらないとの考えが根底にある。それゆえ、ポイントに対するリスク保全は、契約保護の立場から景品表示法と消費者契約法で担保されているが、個人財産保護の効力は電子マネーと比べると相対的に低いのである。

またポイントの場合、発行者は、過去のポイント使用額に応じて発行額の一定割合を引当金として会計上負債に計上することが、会計制度で規定されている。しかしながら、その発行者が倒産した場合、普通債権でも回収率が低いことを考えれば、利用者が未使用のポイントを全額回収することは、当然難度が高いことを覚悟しなくてはならない。さらに、ポイントの有効期限が不明瞭であったり、積み立てたポイントの使用について不適正な制限があったりといったクレームも散見されるのが現実である。

発行者は、ポイントに係る債権負担を合理的に軽減するために、実は、ポイント・カードの会員利用規約に「発行者が必要と判断した場合、会員に事前通知なく一時的に会員が受けることのできるサービスの提供を中止させていただくことがあります。」といった免責条項を記す場合が見られる。ポイントは、発行者があくまでも「おまけ」として発行するものであるとの前提に立てば、この免責条項は合理的といえば合理的な考え方ともいえよう。しかし、この免責条項が頻繁に発動されると、利用者は安心してポイントを集め交換することができず、そのポイント自体、ひいてはポイント・サービス全体の社会的信頼を失ってしまうことにもなりかねない。

こうした背景を踏まえ、二〇〇七年二月にポイント・サービスを手がける主要一三社が中心となって、「日本インターネットポイント協議会（以下「ＪＩＰＣ」、ＨＰアドレス：http://www.jipc.jp/index.html）」が設立された。ＪＩＰＣは、消費者利益の保護と企業の不正防止を目的として、業界内のポイント制度運用ルールの明確化や法令整備、さらにはポイントの不正取得撲滅等啓発活動を展開している。二〇一五年四月一日時点で参加企業は二一社であり、業界ガイドラインも制定されている。

ＪＩＰＣが掲げるポイントに関する課題は、次の三点と考えられる。

第一は、個人情報の保護。行動履歴データや提携企業間での情報交換時のデータの取扱について明確なルールがないことを挙げている。

第二は、提携企業間で一定のレートで行っているポイント交換についてだ。交換のルールが各提携企業の合意に委ねられており、交換市場や交換基準が明確に定まっていないことを課題としている。

第三は、ポイントの信用維持であり、それは発行されたポイントを保証する制度が未整備であることだ。会計制度上、ポイントの発行者は利用者が将来ポイントを使うことに備えて未使用ポイント残高の一定割合をポイント引当金として積み立てる必要がある。ところが、ポイント引当金の算定方法が発行者間で異なっていることが、ポイントの社会的信用を損ねると危惧されている。具体的には、実態と乖離して引当金を過少に計上し、利益操作を行う企業も出てくる可能性が考えられるのだ。また、発行者が経営破綻し、発行済みのポイントがすべて消滅した場合、利用者にとっては所詮「おカネのようなもの」だから仕方ないと割り切ったとはしても、将来何かに代えることができたかもしれないという期待を裏切ることになる。これはポイントに対する信用を大きく毀損することに繋がるのである。

ＪＩＰＣを中心に、こうした課題を業界として着実にクリアする動きが加速している。ポイントの発行、交換、利用等に係るガイドラインの策定・徹底に加え、ポイントの適正な利用を啓発する活動は、ポイント・サービス全体の信用基盤を高めることに繋がると考えられる。

## ❖リスクと安全のバランス

このようにポイントには、利用者である私たちの意識の面、またポイント自体の信用の面から何らかのリスクがあるのは事実である。一方、そのリスクを抑制・解消するための対応も着実に採られ、その安全性・信頼性は徐々に高まりつつあるのももう一方の事実である。しかしながら、ポイントはあくまでも「おカネのようなもの（擬似貨幣）」であり現実の「おカネ（貨幣）」ではない。したがってすでに述べたような、道徳意識の相対的希薄は様々な策を講じたとしても残るのではないか、というのが一般的な考えである。つまり何らかのリスクを利用者は感じながら、けど便利だからうまい具合に使いこなす、私は決して失敗しない、というのがいまの利用者の本音だと思う。

人は、リスクが高いものには高いリターンを求める。では、何らかのリスクを感じているポイントにどういうリターンを求めるのだろうか。

第一は、少しの買物でどれだけ多くのポイントがもらえるか、要はポイントの還元率である。第二は、貯まったポイントを様々なポイントと簡単に交換できるか、ポイントの交換自由度だ。第三は、いかに有利に交換できるか、ポイントの交換率。そして第四は、いかに高くポイントで買物できるか、現実の「おカネ」に換えられるか、ポイントの換金率なのである。賢い利用者はこの「四つの基準」で最も有利なポイントに集中していくものと考えられる。

## 5 ポイントの位置付け

ポイントがかつては「おまけ」であったものから、サービスが拡充するにつれその意味合いも変わってきたことを論じてきた。この変化のベースの一つに、ポイント・サービスが成熟期を向かえ、新たな局面へ進化しつつあることが挙げられる。その中心は「クローズド」なサービスから「オープン」なサービスへの転換だ。換言すれば、電子マネーへの換金サービスや他のポイントとの交換サービスの充実等、その汎用性・利便性が向上していることである。特定のお店で買物したときの「おまけ」から、いろいろなものと交換でき換金もできる「おカネのようなもの」に変容していることを意味している。しかしその一方で、ポイント発行者が急増するものの、その信用基盤、サービス基盤の脆弱性・不安定性に加え、ポイントに対する道徳的意識の薄さという問題も露呈してきた。すなわち、昨今の消費者はポイントを「利便性は高いが、「おカネ」より信用力はやや低い」交換手段と認識し、賢く使いこなすようになってきているのである。では「おカネのようなもの」に変容したポイントとは消費行動においてどのように位置付けられると考えればよいのだろうか。

## ❖「おカネのようなもの」であるポイントとは何なのか

私たちは、通常「おカネ」を支払うことでモノやサービスを購入している。当然だが「おカネ」はモノやサービスの対価である。ではポイントは、何の対価なのだろうか。ポイント・カードを作るとき、自分の名前、住所、電話番号、生年月日等の個人情報を申込用紙に記入する。クレジット機能付きポイント・カードの場合には、預金口座や年収、職業、家族構成まで明らかにしている。ポイント・サービスに加入するとき、よく「新規入会時一〇、〇〇〇ポイントをプレゼント！」等の勧誘がある。また、実際の買物ではＰＯＳレジを通過するたびに、ポイント・カードがスキャンされ購買履歴がレジを通して小売店のコンピューターに次々と瞬時に登録されていく。

よく考えてみると、私たちは個人情報や購買履歴情報を小売店等の事業者に提供する見返りに、「おカネのようなもの」であるポイントを得ているといえるのではないだろうか。つまり、図表３―１に示すように、現実のモノやサービスの対価が実際の「おカネ」であるのに対して、顧客が提供する情報の対価が「おカネのようなもの」であるポイントと位置付けてられるのである。個人の匿名性がシステム的に担保されているという安心感から、顧客から無尽蔵に情報が提供されているのが昨今だ。そして顧客は、自らが提供した自分の情報の対価として得たポイントを他のモノやサービス、ひいては電子マネーといった「おカネ」に換えているとも解釈できるのである。

図表 3―1 「おカネ」及び「おカネのようなもの」の対価

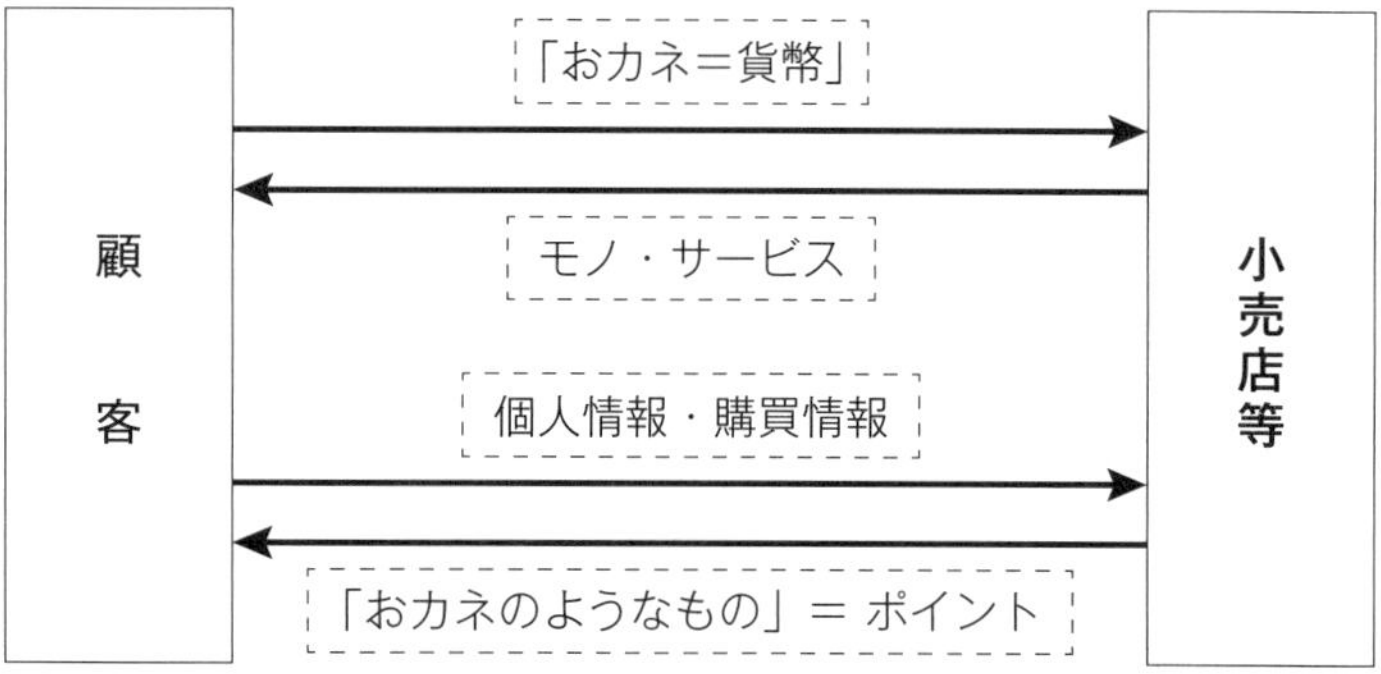

# 6 ポイントに見る意識の変化

では、ポイント・サービスを賢く使いこなす生活スタイルは、消費者の意識のどのような変化の表れなのだろうか。本章の冒頭で「陸（おか）マイラー」の例を示した。まさにポイント・サービスを本章4節で示した「四つの基準」に従って賢く使いこなしている人たちといえよう。彼らの消費スタイル、ひいては生活スタイルとはどういうものか、さらにその根底にある消費意識・生活意識はどう変化しているのだろうか。

## 消費スタイルの変化

ポイント・サービスが「オープン」になるほど、その汎用性・利便性が高まり、ポイントを「おカネのようなもの」と認識する傾向はさらに強まると考えられる。「おカネのようなもの」なのだから、「おカネ」みたいに固執することはない。だから「貯める」という感覚とは少し違ってくる。また「ポイントで買う」という感覚でもない。あくまでも「おカネのようなもの」なので「買う」ことはできないと思っているからだ。ポイントを手に入れるときも、何かに換えるときも深い意味を持ってその行為をしているとはあまり考えられない。ゆえに「おカネ」を貯め、「おカネ」でモノ（財産）を買うスタイルとは大きな違いがあると思われる。これはつまり、ポイントを短期的に効率よく「集め」（貯めるという感覚ではあくまでもない）、普段できないことやモノに後腐れなくパッと「換えて」しまう、こうした別の消費スタイル、生活スタイルが現れているのだと考えられる。

## 「おカネ」と「おカネのようなもの」

では、現実の「おカネ」とポイントのような「おカネのようなもの」とをどのように区別して認識しているのだろうか。当り前だが「おカネ」は、国が管理する制度的なものである。国がその価値を保証しているゆえ、その信用は極めて高く、絶対的信頼が存在する。そして、万人がその価値を同様に認めており、全世界に一義的に流通するものである。「おカネ」は、生活のすべての基盤を保証するものでもあり、その所有者の豊かさを客観的に示すものでもある。したがって、人々が将来に向けて計画的にこつこつと貯め、計画的に費消する（モノを買うことのできる）財産であり、中長期にわたって形成する「農耕型」の財産といえよう。それゆえに貯める行為に対しては、使っていたら得られたであろう便益相当分を利子として獲得したいといった意識が働くのは当然なのである。

一方、ポイントは、民間の発行者が独自のルールで自由に発行し運営するものであり、「おカネ」に比べると相対的に非制度的なものである。その信用は「おカネ」と比べると低く、それを利用する人々の間での相対的信頼に基づいている。万人がその価値を一義的に認めてはいないのである。発行者のルールに従って利用する者のみがその価値を認めているだけなのだ。ポイント交換のルールが整備されてはいるが、全世界で共通にかつ一律に通用するものではないのも当然である。だから「おカネのようなもの」なのだ。しかしながら、限定的な社会経済生活では幅広く円滑に流通しているのが、今日の実状である。また万が一のリスクがあるので、財産形成までを含めた生活のすべてではなく、費消という生活の一部にのみ役立つものであり、生活基盤の一つである財産には非常になりにくい側面がある。したがって、人は将来に向けて計画的にこつこつポイントを貯めることは決してしない。むしろポイントは、貯めるものではなく、集めるものと認識しているのだと考えられる。集めたポイントは、より価値あるものに有利にタイミングよく交換して費消していく。価値あるものをポイントで「買う」のではなく、「交換」しているのだ。つまり、「おカネ」は「貯める」ことができモノを（客観的に価値のある財産を）「買う」という意識、ポイントのような「おカネのようなもの」は「集める」ものでモノと（自分にとって便利なもの、有意義なことと）「交換」するという意識、ここに生活スタイルの違いがあるのである。

## 利用意識の違い

また、人々はより多くのポイントを効率よく集めるために、発行者を隈なく検索（ポイント還元率の高いお店を探したり）し、交換率の高い交換を望む。交換自由度の高いポイントにさらに集中させようともする。まさにゲーム感覚でポイントを集めまくる、陸マイラーのような人も出てくる。彼らにとって、ポイントは「貯める」のではなく、貪欲に「集める」つまり「狩猟型」の財産なのである。信用力が相対的に低いものの、利便性が高いため、中長期にわたって「貯める」のではなく、「集めた」ポイントを一気にパッと換えてしまう、こういう意識が無意識の中に働いているのだと思われる。だから、利子を期待するのではなく、より多くのポイントがより高く「交換」されることを優先するのである。しかも「パッと」交換するので、自分が気に入った非計画的な買物や海外旅行等の非日常的買物に費消される傾向が強くなる。こうした現実の「おカネ」とポイントのような「おカネのようなもの」とに対する意識の違いは、図表3―2のように整理できる。

つまり、消費者は「おカネ」を農耕型財産としてじっくりと「貯め」そしてモノを大切に「買う」ために使い、「おカネのようなもの」であるポイントは狩猟型財産として要領よく「集め」そしてパッと「交換」しているのだ。前者は「ストック」の概念であり、後者は「フロー」の概念で使い分けているのだと思われる。ポイント・サービスの進化に合わせて、「おカネ」＝ストック、「ポイント（おカネのようなもの）」＝フローといった生

図表3―2　貨幣とポイントの意識の違い

| | 貨幣<br>（おカネ） | ポイント<br>（おカネのようなもの） |
|---|---|---|
| 管理主体 | 国 | 民間（発行者） |
| 信用／信頼 | 高（安定）／<br>絶対的信頼 | 低（不安定）／<br>相対的信頼 |
| 利用者 | 万人 | ポイント利用者 |
| 流通範囲 | 全世界 | 交換可能な<br>範囲に限定 |

| | | |
|---|---|---|
| 価値認識／意識 | ◇中長期に貯蓄<br>◇農耕型の固定資産<br>＝ストック | ◇短中期に交換<br>◇狩猟型の流動資産<br>＝フロー |
| 消費スタイル | 「貯める」「買う」 | 「集める」「換える」 |

活意識が一層醸成され、消費行動の面でも計画的消費（買物）は「おカネ」で賄い、非日常的または非計画的消費は「ポイント」で「交換」するようにさらに進むと考えられる。

## 7 おわりに

当初、ポイント・サービスは、顧客ロイヤル化という発行者の意図のもと、彼らのマーケティング手段として運営されてきた。さまざまなポイント・サービスが登場するにつれ、ポイント会員をより多く獲得するためにそのサービス（高還元率、高交換率等々）が加速していった、いわゆるポイントの乱立がその後見られた。それに伴い、ポイントは顧客ロイヤル化のためのマーケティング手段ではなく、一部は実質的なディスカウント手段に変容していった面もある。しかも、ポイント間の優位性・独自性を強調しかつポイント会員をより多く獲得するために、利用者の利便性を向上させる必要が生じてきた。そこで発行者は、ポイント間の交換に加え、電子マネーへの転換も可能とし、利用者の交換手段としての利便性をより高める方向に動いたのである。つまり「クローズド」なサービスから、「オープン」なサービスへの転換が進んだのである。この動きは、ポイントが発行者のマーケティング手段としての位置付けから、利用者の支払手段の位置付けに変化したことを意味する。

消費者は、このようなポイントの特徴・変化を賢く見抜いていた。かつては「馴染み客」となるべくポイントをせっせと貯めていた。しかし、ポイントが「オープン」なサービスに徐々に転換するのに合わせ、単独のお店に束縛されない自由な消費を指向するようになっていったのである。元来ポイントは、消費者にとっては「おまけ」だった。同じおまけなら、多くもらえる方がいい。隣のおまけに簡単に交換できるなら、その方がいい。いっぱいおまけが集まるとさらに特別なおまけがもらえるなら、そうしたい。このように賢い消費者が考え始めたことで「おまけ」は「おカネのようなもの」に加速的に転じていったのである。長いデフレ経済が続く中、彼らは「おカネのようなもの」であるポイントを、その内在するリスクを許容したうえで、次々とゲーム感覚で集め、普段の生活では味わえないモノに「交換」するようになったのである。すなわち、ポイント・サービスの発展は、こうした消費意識、生活意識の変容に繋がっていると考えられるのである。

**注**

（1）『週刊ダイヤモンド』二〇〇八年七月一二日号、三四頁。
（2）『日経ＭＪ』二〇一一年一月一日、『読売新聞』二〇一一年二月一日。
（3）『日本経済新聞』二〇一一年一月九日、『日経ＭＪ』二〇一一年一月三一日。
（4）中央社会保険医療協議会総会資料『保険薬局等における一部負担金の受領に応じたポイントの付与等について』（二〇一一年一一月二日）、『日経ＭＪ』二〇一一年一一月四日、『日経ビジネス』二〇一一年一二月一九日号、一八頁、『日刊工業新聞』二〇一一年一二月二一日。
（5）『日本経済新聞』二〇一〇年一一月一五日。

# 第4章 インターネット売買の生活

## ―売買空間の開拓―

①はじめに

②インターネットという生活の新次元

③ネットショッピング購買の諸相

④情報の航海術

⑤生活の中で売る

⑥リテラシーとエディターシップ

⑦おわりに

# 1 はじめに

二〇一三年のインターネット利用者数は、わが国の人口の約八割に及ぶ。[1] インターネットは人々の買う意識と行為に、複雑な生活の仕方の開拓をもたらした。さらに、ネットショッピングの世界に乗り出すことで、人々は口コミやショールーミングなどを手練手管とし、ついには、生活の倫理的な感覚まで変化させているように見える。膨大な量の情報の洪水を乗り切る生活術を発達させたのである。

ここでなにが起こっているかを理解することは、インターネットで売ったり買ったりする人々の意識と心理になにが起こっているかを知ることでもある。ネットで買うと安くて便利、ネットで売ると高く簡単に売れるという紋切型な説明では済まない。安いモノを買うかと思うと、窮極のモノを探し求めたり、自在に工夫を凝らした売買に商売の歓びを得たり、今までにない人間関係を発見したりすることまで、人間の心のマンダラの世界が現出する。インターネット売買が、人々に新しい生活の感覚と価値観の追求を促しているのである。

普通の人々の生活の中でのネットショッピングの実際の受け止め方と、実感のされ方が重要なわけである。インターネットでの人々のふるまいが、さらに売るという新しい領域に及び始めている状況を検討しよう。

## ②インターネットという生活の新次元

### インターネットで買うという選択

二〇一五年に入って、アメリカで第二位の家電量販店ラジオシャックが破産した。一九八〇年代にはその目覚ましい成長でビジネススクールの教材となった企業だが、インターネットの発展による人々の買い方の変化が打撃を与えたのだ。小売の歴史は、業態の変化という言葉で説明されている。消費者から見ると買い方の変化である。百貨店、チェーンストア、通販から始まり、スーパー、ディスカウンターという具合で進化が語られる。基本は店舗のあり方の違いとすると、鬼っ子は通販である。小売業の研究者は、前者を対面販売と言う。その中での大きな転換点はスーパーのセルフサービスであるが、無人空間で買い物するわけではなく、人間的接触は残っている。

これに対して、通販は、広告やカタログでモノを選択し購入する。文字通り、非対面販売である。今日、ネットショッピングは、ネット通販や、電子商取引、ｅコマースなど、色々いわれるが、非対面販売がインターネットという画面に置き換わっただけである。しかし、ラジオシャックの行き詰まりは、インターネット通販というものが、今までのショッピングと別次元のものに移ってきていることを示している。

インターネット通販は、それまでの通販と違う。確かに利便性と言う言葉で括ってしまえば同じなのだが、これほどの商品の提供者も商品種類もかつて存在することはなかった。どこでもいつでもということで、このように自由自在ということはなかった。さらにインターネットでは買い手として行動すると共に、たちまちに売り手の立場にも立てるという変幻自在性がある。すべて、程度や豊の問題と見ることもできるが、質の変化や断絶を伴っているのである。インターネットは売買という生活の局面を塗り替え、新しい生活の核となってきた。

ポータルサイトや検索エンジンは、インターネットを開くときに〝とりあえずそこから〟という意識によって存在している。とりあえずそこへ行く場所は、小売業では、かつて百貨店があり、次にスーパーがあったが、こうした総合的なセンターは退勢の傾向にある。ところが、ヤフーは総合的であるが、依然としてポータルサイトの雄である。ヤフー本社のインターネット経験調査チームによる人々の生活行動の徹底した調査活動をみれば、インターネットで生活をなぞることへの執念がその背景にあることがわかる(2)。

インターネットでの買い物は、人々にとってあくまで生活の中のひとコマである。買うとなると、きらびやかな百貨店も考え、品揃えが多く商品知識豊かな専門店も思い浮かべ、安いディスカウンターも想像する。多様な選択肢がある中での人々のネットショッピングの利用ということを忘れてはならない。われわれは実体の世界でモノやサービスを買うということのマップは手放さないが、他方でヴァーチャルの店のモールも生活のインストラクチャーとしてしっかり位置づけているのである。

## ❖——●多元化する意識

二〇一四年秋のアップル社によるiPhone6発売の行列は、マニアと転売目的の業者が混じって、将来の日本風俗史年表にあらわれるような社会現象となった。だが、その先にiPhoneというスマートフォンユーザーがいたことが基本であり、その購入利用動機の大きな部分がインターネットに関わったことは間違いない。当然ながら、ネットショッピングの普及には、インターネットとデバイスの発展が深く関わっている。

こうした端末はモバイルと言う言葉で一括りにされるが、スマホを革新として世に送り出したスティーブ・ジョブズの人気は、どこに居ても、思い立ったそのときにネット空間にアクセスできる生活をもたらした点にある。人々のヴァーチャル空間にアクセスする意識自体が変質してきていると考えられる。

全体的に見て、店で見てそのまま店で買う分かりやすい買い物が後退しているといえるだろう。買うことを巡るふるまいの変化が生じている。カーはインターネットの中で人々が〝注意散漫状態〟になっていると指摘した。(3) 例えば、ネットショッピング中、口コミサイトを開いて商品の実際を探ったりしていることもあれば、メールやSNSの更新をチェックしたり、わからない用語は即座に調べてみたり、気になるリンクに惹きつけられクリックした先の商品を衝動買いしたり、YouTubeを見はじめたりと、気が付いたら本来の買い物とはまったく関係のない脇道へと逸れた行動をすることもある。そこには新しい抜け目なさと遊びの感覚も入り混じっている。ネット画面に映る鮮明な色彩を放つ商品に惹きつけられ、そのイメージで頭がいっぱいになる。ネットに映しだされた写真や動画を見ること自体に視覚の快がある。透過光の強烈な刺激に支配される感覚になるのだ(4)。

従来の買い物を合理的で直線的な性質のものとして捉えること自体疑問である。しかし、ネットショッピングはことさら、様々な行動の展開をともない、様々な時間の使い方の中で起きている。エドワード・ホールは生活の中でのあれやこれやという多元的な時間の使い方、いわゆるポリクロニックに人間本来の生活を感じとるのだが、現代のヴァーチャル空間の向かい方についても、ネットショッピング行動は、とりわけ多元的で色彩豊かな時間と行動の世界のように思える。

## 3 ネットショッピング購買の諸相

なぜ、ネットで買い物するのかと人々に質問すれば、大抵の人は「ネットで買うと安いし、便利だから」と答えるだろう。政治や老後に不安を抱えた人々の経済意識がネットショッピング発展の背後にあることは確かである。ネットを使ってお得に買い物し、時には売り手となり稼ぐということは、抜け目なく生きていく術でもある。だが、これが実利を超えた喜びをもたらしている面をもつように思われる。自分なりの計算を巧みにこなして、生活の方程式を解いていく喜びである。

ここに買うことの人々の心の矛盾が宿っている。人は常にメリット・デメリットの合理的計算で生きているだけではない。ネットショップの商品で在庫がまだあるから安心して買わずにいたら、いつの間にか売り切れていて「やられた」と感じることがある。同じ獲物を狙う億兆のライバルが画面越しに蠢《うごめ》いている気がする。このように想定外のことも起こるし、競争心をかき立てられ、焦る場面も生じる。他にも、その日の気分や、ノリなど、情緒的な面も混じったネットショッピングにおける衝動買いも重要な側面である。ネットへと向かう動機は、多面的なのである。

## 籠　る

忙しい時代では、外に出かけることそのものを止めたくなる。ネットで買い物を済ませるということは、出かけるために支度する手間もなく、人混みの中を歩き回って疲れることもなく、教育の行き届いていない店員に腹を立てることもない。インターネットによって内に籠りながら買い物をする、という生活の新しい次元が生まれているのである。

㈳日本通信販売協会の『ネット通販に関する消費者実態調査二〇一三』によれば、直近一年以内のネット通販の際の利用端末が、パソコンのみが七六・一%、パソコン＋スマートフォンが一四・四%、スマートフォンのみが五・三%、その他四・二%であった。(5) パソコン利用者が圧倒的に多い。ネットショッピングする場面は、自宅のパソコンだということであろう。家でネットショッピングをするときは、誰にも邪魔されない自分だけの空間と時間の中で買い物ができる。

このようなスタイルは、忙しいばかりで金回りの悪くなった一九九〇年代中葉から強まってきたのであろう。サラリーマンも、節約と健康意識からランチは外に出て食べるよりも手製のお弁当を社内で食べる人が目立っている。人々の意識が内へと向くのは時代の気分でもある。買い物でも、コンビニの普及やミニスーパーの台頭がそれを裏付ける。生活していく上で必要最低限のモノは自宅周辺で揃う。ネットで食品も買えるようになった今、極端な話、家から一歩も出なくても生活できるようになった。

またネットなら、近所のスーパーでは売っていない珍しい品種のご当地野菜も取り寄せることができる。このように、家に籠ったネットショッピングでも、好奇心を持って様々な食材を試し、新しい食材で新しいメニューに挑戦することを喜びとする人もいる。

ネットショッピングが生活領域に大きく割って入ってきたわけである。これは自分の居室のインテリアへのこだわりや、女性の室内着へのこだわりが目立つようになった現在の傾向と重なり合うかもしれない。ひきこもりということではないが、素朴でも内的世界の豊かさを感じられる暮らし方をインターネットが保障するのである。

## 私の店を探して

パトリシア・ウォレスが『インターネットの心理学』の中で、インターネット上で起きる現象は現実の再現であると指摘したのは今世紀への境界、ウィンドウズ98の時代のことであるが、十数年を経ても大筋では同じことが言える。ネット空間は現実空間の鏡であり、人々のネットショッピングにおける意識と行動も、実店舗での意識と行動の鏡なのだ。インターネットに対して、仮想空間や仮想都市というやや興奮したメタファーが用いられた時代は、IT革命という衝撃があった揺籃期であった。インターネットを資本主義の福音と捉えた『ファンキービジネス』は、インターネット空間を〝第七の大陸〟と表現した[6]。この様な生活のワンダーランドとされたインターネットも、今や当たり前となり成熟した。ネットでの買い物への障壁が薄れ、われわれは普通の感覚でネットショッピングをする。

だが、インターネットは当たり前のビークルになったようでありながら、逆に複雑さが加速度的に増している。未開拓地がなくなって便利になったが、都市のアスファルト・ジャングルが拡がったようなものだ。だが、上手な探検家には生活の豊かな場所が見つかるのである。探検家には探検自体の楽しみと喜びがある。

今日、どの街の駅に降り立ってもお馴染みのチェーン店で埋め尽くされ、どこも似たような風景で、街の固有性が失われつつある。ジョージ・リッツァは『マクドナルド化する社会』の中で、チェーン店の拡大が、社会を巻き込み、生きている世界全体に対しても画一化の色彩を強めるとペシミスティックに訴える。[7] 画一化の進むこの世界で、生身の感覚でいられる空間の確保はますます難しくなる。インターネットは人々をますます空漠とした世界に追いやるように見える。人は自分の固有の場所を持たなければ生きてゆけないと指摘したのは、人間主義地理学者として知られるレルフであった。[8] われわれにとって、実店舗においてもネットショップにおいても、なじみの店は大切になる。

インターネットでのなじみの店は、お気に入りの店の発見から始まる。〝私の店〟で買う経験は、日用品を買うサイトや、大手のサイトを利用するときの経験と異なった心の在り様をもたらす。誰もが知っているサイトには限定性や特別性を感じない。電車の中で、自分とまったく同じバッグを持っている人を見かけたらきまりが悪い。一方、ネットが無ければ決して知らなかったであろう、センスが良くて、他人とは一味違う商品を獲たときの喜びは、私の店を探り当てられた安心感と結びつく。私だけがこのサイトを知っていると錯覚させてくれるようなニッチなサイトは、渋谷の交差点に居るときのような不安感を癒してくれる。

『ロングテール』によって、インターネット売買空間の中では細々とした売れ行きしかないようなモノにこそ意味があると、いち早く見抜いたアンダーソンは、次のように語る。「ヴァーチャルにせよそうでないにせよ、仲間内で刺激しあううちに大通りをそれて見知らぬ路地の探検を始めるのだ。」[9] われわれは、未知の裏道を開拓するワクワクをインターネットでも味わいたいと思う。ネットショッピング世界での路地裏は、現実に足を踏みしめて歩く路地裏よりも遥かに多様で広大である。画一的な店舗とマス商品の喧騒を後にして、裏道の散歩を楽しむような、専門性、ニッチ、あやしさがキーワードになる買い物行動に応じて、生活を彩る材料の提供者となる店はある。ネットサーフィンという日常生活の一コマが、探求の時間として彩りを帯びるのである。

リアルな世界の全てがネットにあるということは、生身の情動的な感覚も豊かに存在しているということだ。おそらく、ネットは顧客を満足させるという志向によって、それを発達させてきた。ネットサイトのスタッフとのやりとりが、よりサイトへの愛着を深める。なじみの店の感覚の根底には、その店の人間と通じ合う感覚がある。なじみの店の発見に直接対面し会話する必要があるかというと、必ずしもそのようなわけでもない。自分の波長、感覚との一致が場所性の根底をなすという指摘がある。(10) テレビショッピングで買い物にはまる主婦たちは、画面越しの商品ナビゲーターを顔見知りの存在と錯覚するほど親身に感じている。(11) 主婦たちは、あの人が勧めている商品だからと、衝動的買いをする。人間的な触れ合いを感じられればその人にとってはなじみの店なのである。

ネットショッピングでもこのような情緒的な関係性を求めている。サイトの作りから肌合いを感じ、美的センスと一致するかを識別する。定型化された慇懃な文面よりも、客からの相談を親身になって聞き入れ、時には臨機応変に対応してくれるような、個として向かい合うサービスを通じて、ネットショップのスタッフの思いや考えへの共鳴が生まれる。そこに、自分の好き勝手を求める舞台としてのネットショッピングに親密な人と場所を求める気持ちと、自分の流儀を重ね合せた生活感覚が宿るのだ。

人から大切にされる喜びは、現実世界でもネット世界でも変わらない。人肌恋しい個人像が浮き出されている。寂しさを紛らわしたいという欲望から、ネットショッピングにおいても情緒的な豊かさを希求しているのではないか。それはネットショッピングをしている人々の心の深層と重なる。

# 4 情報の航海術

## 情報の波に乗る

　歴史的に今日ほど人々が比較することに夢中になった時代はないであろう。その現われがランキングブームである。ランキングというものは一つの尺度に丸め込まなければ成立しないのであるから、脱画一化を叫ぶ時代の思潮から見ると笑止である。ホテルサービス、大学、挙句は国の幸福度までランキングがあふれている。

　もちろん商品の比較は生活の基本となる。これほど商品比較をするようになったのは、厖大な量の新商品が絶え間なく、かつ加速度的に発売され、眩暈がする程モノで溢れ返っているからである。新商品が販売されれば、旧モデルの製品は値下がりする。われわれは、厖大な情報のノイズと新商品の嵐に飽き飽きしている。あまりに商品が多いと、本当に自分の欲しい商品が埋もれて見つからないことにストレスに感じる。しかし、同時に移ろいの中で買うモノやタイミングを見極めている。

インターネットは、茫漠とした情報の海を創り出した。われわれは、時に、ネットのとりとめもない情報の渦の中に放り出された気分になる。変化が激しくつかみがたいネット空間を浮遊する中で、自分の求めるモノを探すために手掛かりが欲しくなる。変化が激しく不安定な社会に生きていく中で、頼れる存在が欲しい。われわれは、ネットという情報の坩堝の中で、道案内を買って出る口コミサイトや比較サイト等に手掛かりを求める。

インターネット上の情報の波に乗るには、表面的な情報を手に入れればよい。だが、インターネットの情報には根拠のはっきりしないモノが多いが、鋭く大事なことが何気なく宿っていることも多い。情報を深く洞察し、すくい取ることとなると、自身の才覚であり、一種の創造行為である。情報が炸裂している世の中を上手く渡り歩き、能力を高めることに満足する人もいる。

## ❖ ● 口コミ

他国と比較できるわけではないのだが、われわれが口コミ好きなことは間違いない。明治という西洋的合理主義への志向の時代に、サントリーを創業した鳥井信治朗が、芸者の座敷での口コミを大切にしたというエピソードがある。現代でも井戸端会議という言葉があり、居酒屋もある。事情通の怪しさを楽しむことから抜け目ない情報入手まで、快楽と実利の入り混じった生活の要である。

実際のところは公開されたパブリックな情報であるが、サイトを開いて分け入ることに自分だけの行為によって手に入れられる情報という密室の口コミ感覚が生じる。そこが新聞やテレビと異なるところである。さらに、これらが口コミの培養基となり、増幅装置となる。書き込まれるスペースも多くなるとパブリックな口コミという新しい世界が生じる。こうして、インターネットが作り出す情報は、口コミによって人々のそれぞれの必要や要求に合わせて求めるべき基本的な情報に出世してきた。

情報が爆発的に増えるインターネットを、われわれの生活に取り込めるのは、インターネットがこのような口コミの増大を随伴していたからでもある。ネットショッピングのように金の支払いがともなう場面では、個人の口コミに頼ることが利口だ。新奇な商品から売主までの実際が赤裸々になる。フェイスブックやツイッターを含め、口コミのための舞台も増殖する。

口コミ戦略として、企業がサクラを雇い、消費者の振りをしてレビューを書き印象操作を行うことを知る人も多くなってきている。消費者自身がサクラになっていることも珍しくない。企業が人々に自社商品を無料で送る代わりに、モニターとして商品の口コミを書いてもらうように依頼する。高評価して欲しいと言われずとも、トーンを下げて褒めるという技巧が働かないわけではないだろう。

ブログの育児日記を読んでいるうちに気が付くと、幼児が喜んだという商品の販売サイトで商品説明を呼んでいるということもある。素人が商品リンクをつくってクリックさせるアフィリエイトは、生活の中での商人の誕生であるが、今や当たり前である。

他方で、インターネットで蜘蛛の巣をはる口コミもある。オークション開始価格は低額だが入札毎に手数料を取り、落札できなくても高額の手数料を払わなければならないペニーオークションでの事件が話題を呼んだのは、ブラックボックス化しているネットを利用した詐欺の手口と、芸能人のブログによるアフィリエイトが被害を生む事件であったからである。この事件は、安さに目がくらみ、見ず知らずの人の口コミを安易に信じる人々の気持ちの一端も示している。

## ◆口コミの深層

人は懐疑心が強い割に、案外どうでもいいような人間の話を鵜呑みにしてしまうことがある。うまい話に釣られることもあるのだが、批判的な意見の方がそれらしく聞こえて信じてしまいがちである。口コミを見るときでも、一〇の良い評価と、一つの悪い評価があったなら、悪い評価の方が気になる。

もう一つの傾向として、インターネットではコストパフォーマンスへの志向が強い。いわゆる〝コスパ〟という言葉が、口コミサイトでも頻繁に出てくるのは、安さだけでは無く、機能とのバランスを求めていることを反映している。金と時間を無駄にしたくないという表面的な理由だけではなく、買い物上手な私というナルシズムや強迫観念もあるかもしれない。

ネットショッピングで買うかどうか迷うときに口コミ情報で補おうとする。実は心の中では買うことを決めていることもある。そのようなときは、良い意見を見て買っても大丈夫だと安心したい。要は背中を押してほしいのである。女性が買い物の際、同伴者に「どっちの方が良いと思う？」と問うときと近い心理である。口コミは、買い物に失敗したときの言い訳の材料にもなってくれる。日本人の根底にある甘えの意識はおそらく否定できない。口コミ依存も、何かに寄りかかりたい、責任から逃れたいという甘えの感覚と繋がっている。

口コミを書くのは、大半の人にとっては手間だろう。手間と感じるような人が口コミを書く気になるときは、口コミを書けば送料無料になる場合を除いて、大概、抗議したいときか、よっぽど気に入ったときである。この両極端の気持ちが、口コミを書き込む動機となる。腹が立って、辛辣に書くことで、憂さ晴らししたい気持ちも含まれている。匿名投稿なら、相手方に反感を買われても直接被害が身に降りかかる心配はない。また「この店には気を付けろ」と警鐘を鳴らすことで、自分のように嫌な思いをする被害者を減らしたいという側面もある。口コミは自分の思いを語る〝はけ口〟でもある。いずれにせよ、自分の価値観を認めて欲しい、他人と経験を共有したいという思いが重なっている。

口コミは、知識や経験を見せびらかす自慢も宿る。ツイッターの普及も影響して、自分がいま感じたことを気軽にネットに載せることが当たり前となった。口コミ舞台であるツイッターでも食べログでも、その世界にはオピニオンリーダーがいる。食べログには、アクセス数、口コミ数、写真数別にレビュアーのランキングがある。レビュアーは食べログの中で有名レビュアーと認知されることで、自尊心が満たされる。沢山の口コミは沢山レストランに行った証拠でもある。口コミは自分の経験のコレクションの対象にもなる。アマゾンでも読んだ本のレビュー履歴を見て、自分の読書量の多さに満足し、現実の自分の本棚の中の量と質をネット上で不特定多数の人に見られていると思うと自己満足も生まれる。レビューを投稿した後、アマゾンから、レビューを掲載したことについて「アマゾンで買い物する数百万人のお客様が大変喜んでおります」といった類のメールが送られてくる。自分のレビューは、アマゾンのレビューに彩りを加え貢献した気持ちになる。加えて、本を批評することで、文芸評論家の気分にもなれるのである。人々は、多様な充足感を求めて口コミを書いている。

## ●ショールーミング

実店舗で見てインターネットに赴いてバスケットに放り込む。これがいわゆるショールーミングである。実際には昔からあった消費者のふるまいで、街の電気屋において勧められたラジオをどこかの量販店で安く買ってきてしまうようなことだ。さすがに、そのパッケージを振り回しながら街の電気屋の前を通り過ぎるということは気が咎められる。だが、インターネットで買ったモノは宅配がこっそり届けてくれる。

元々、ショッピングという言葉には、自由気ままで身勝手な行動の気分が宿っている。それでも普通の店でのショッピングには古くからのルールがあり、店への義理の感覚があった。だが、インターネットは、それを吹き飛ばしたのである。購入の好き勝手は、ある程度、消費者のモラル感覚と結びついていた。しかし、世の中に価格志向が拡がり、ディスカウンターが価格基準の購入を当然のこととしてから、このモラル感覚は後退しはじめていた。そもそも、生活の新しい技術が、生活の倫理観を変質させるということは経済の発展の代償であった。例えば、自動車保険という一九一〇年代に生まれた新しい生活技術によって、車をぶつけた相手に申し訳ない気持ちを動かすことなく保険会社にすべてを仕切らせることも生まれたのである。だが、ネットショッピングは購買行為の割り切りを徹底させたといえるだろう。

ネットショッピングは、新しい感覚ばかりで成り立っているわけではない。そもそも、われわれは商品を知っているからその商品に手が出るのである。D・ブアースティンはアメリカにおけるスーパーのセルフサービスの成立と、一九二〇年代以降に加速度的に拡がった商品のブランド化とを結びつけて説明した。後の日本においても同じことがいえる。マスメディア広告、特にテレビで商品を知った消費者がスーパーに入り、棚から「私はここです」と訴えかける商品をバスケットに放り込んでレジに向かうわけである。インターネットは、同じ原理による究極のセルフサービスである。だが、カバンやアパレルのようなデリケートなスペックや好みを伴う商品があまり広告も無しにインターネットで買われるのは、店でその商品を手にとってよく知っているからである。われわれは身体を通して物事を理解し生活している。しかし、ネットでの買い物は、匂いも感触も分からず、身体的理解が得にくい。そこで、過去の体験が生きてくる。つまり、実店舗でのショッピングの身体感覚が、ネット空間のショッピングでも生きてくる。例えば小柄な人が、実店舗で大きいサイズのバックを試しているときに、鏡に映った自分の姿を見て、自分の体にはバックが大きすぎて不釣り合いだった経験をする。のちに、ネットショッピングでバッグを選ぶときに、サイズ感の重要性が蘇る訳だ。

インターネットという技術進歩の便利さが生活を便利に、あるいは経済的にしているかもしれないが、われわれはあまり自覚なく、生活の喪失感を抱えているようにもなっている。安さを優先し、様々な店を渡り歩く浮気なショールーミングの問題には、感じ良く丁寧なサービスをしてくれた店員から買うときに感じる「あの人から買った」という生身の満足感が得られない。ネットでの買い物でも、一人の客として向かい合う感覚のメールや、几帳面な梱包などに感動することもある。しかし、店員の顔を思い浮かべ、またあの店に行こうという情緒的に豊かな感覚は、実店舗の経験が生むものなのである。

# 5 生活の中で売る

## ●売ることの広がり

本当に貧しい時代には売り飛ばすモノもないので、質屋が用いられた。わが国で云えば、鎌倉時代に始まるとするのが通説である。質屋は、本来担保としてモノを預ける。あくまで庶民金融の仕組みで、モノを売るための仕掛けではない。明治期においての質屋の重要性は松原岩五郎［一九八八］が描き出すように勤めに出る電車賃が無いので、茶碗と箸を毎日預けては、夕方にうけ出すという繰り返しがあるほどである。これが豊かな現代となると、不要となったブランド品を質屋に売り飛ばすという具合になる。

豊かさ中でのモノ余りとカネを必要とするという矛盾の中で、モノを売るという人々の行動は、古物屋から現代的質屋、さらにフリーマーケットという新しい大衆の販売チャネルを生み出してきた。

フリーマーケットは、自分のモノを自分の手で個人に直接売るという点で全く新しい世界である。日本フリーマーケット協会によれば、日本のフリーマーケットは、一九七六年に展開された「アメリカ建国二〇〇年祭」キャンペーンをきっかけに、大阪で開催されたことが嚆矢である[12]。一九七〇年代は、若者の間でアメリカのライフスタイルが流行していた。フリーマーケットに参加することは、その憧れの存在に近づきたい若者の思いが重なっていた。売る行為と生活の価値観が結び付いているのである。

モノが溢れた時代の中で、自らの手でモノを受け渡す行為は、積極的な生き方に関わるようになっていった。わが国では、個人が何かを売るということは、質屋の例のように、零落や貧乏と結びつく否定的な印象をもつ行為であった。しかし、売ることは恥ずかしいことであるという意識から、賢い生活術や自己表現行為へと受け止め方が変化している。特に、インターネット個人間販売サイトは売ることへの抵抗感をふりはらうことになった。

こうした個人間売買いわゆるC to Cの新しい可能性は、インターネットサイトの発展と結びついている。個人同士で売買しているサイトと聞いて、真っ先に思い浮かべるのはヤフオクだろう。最近、スマートフォン向けのフリーマーケットをアプリ上に再現したフリマアプリが登場して個人間売買の拡大を後押ししている[13]。ヤフオク利用者は男性を中心としているのに対し、フリマアプリはスマートフォンのカメラを使い、要らなくなった服や化粧品などを簡単に出品できることから、若い女性を中心に利用者が拡大してきている。ターゲットと商品種類に応じた出品と購入の場が発達して、個人間売買が広い層に浸透してきたのである。

ネットで売るモノは、中古品に限られない。個人や店舗経営者に向けて、簡単かつ無料でネットショップを開設できるサービスも提供されている。また、アマゾンのマーケットプレイスは事業者だけでなく個人も出品できる。アマゾンは、個人が様々なモノを通して、インターネット販売の世界に参入する大きな契機となったと考えられる。

海外における個人の手作り品販売専門サイトEtsy（エッツィー）のような手作り品に特化したサイトが、日本でも手作りマーケットプレイスとして登場してきている[14]。売る舞台の選択肢が増えてきているのである。人々は、個人が売り手となる様々なタイプの舞台を選びとる。

## 売る心の動き

個人間での売買が活性化して、人々のモノに対する金銭的尺度が強まったのかもしれない。実際に、オークションサイトに出品するとなると、想像以上に大変な作業である。出品する作業の流れが、何段階もある。売ろうと思っても後回しにして、ネットオークション売却予備軍の品々を箪笥の中に眠らせたままにする人も多いであろう。それほど面倒なら、なにも売らずに、捨てるなり、人にあげるなりすれば良いではないか、という話になる。

だが、昨今何でも金になるかも知れないという考えは、「お宝鑑定団」の影響だけではないだろうが、多くの人に宿っているはずだ。売る方法は、ネット以外にも沢山ある。リサイクルショップに持っていくのは自然な発想だ。でもネットでの販売を選ぶ人がいるのは、ネットの方が金になると思うからである。交通費と時間をかけて店に行ったのに、期待外れに終るよりも、出品の手間をかけてでも自分の手で高く売りたいと算段する人も出てくる。

オークション売買後の評価コメント欄には、出品者、落札者共に「良い取引ができました」という類の言葉がよく見られる。評価文章の常套句である言葉でもあるが、本来、取引という言葉は自己の利益を図る意味が込められている。使っている本人たちは無意識でも、〝取引〟という言葉をつかう裏には、「してやったり」という思惑があるだろう。もし、リサイクルショップに売ったなら、思ったほどにならず、まして捨てていたら一文にもならないモノが金になったと、〝タナボタ〟の気分になる。思っていたよりすんなり売れたので欲が出て、もっと高値で売れれば良かったと、商機を逃して悔しい気持ちになる。反対に、お金を出させ過ぎてしまったかもしれないという罪悪感が生じることもある。ネット売買は、我々の心の葛藤や矛盾が引き起こさせる人間的な行為でもある。

売るという人の心は、時間の経過とともにワクワクから〝飽き〟へと進む。始めた当初は、出品したモノが売れるだけで新鮮な感覚で面白い。しかし、当初の初々しい感動は薄れていき、そのうち作業もルーチン化し、惰性になる。こうなると、売ることは手間と実益のバランスの問題となってしまう。換言すれば、個人ながらコストと利益を計算するビジネス行為となってくる。

利益計算を追求した結果、ネットで売ることを前提に買い物をしている人は少なくない。ネットオークションで月に平均二万円稼ぐ女性は、アウトレットやフリーマーケットで安く買った人気ブランドの服も、ネットオークションで売れば買ったときより高く売れることが多いと話す。(15) モノを買うときの基準が、自分の好みよりも、いかに高く売れるかが中心になっている。豊かな生活の時間の一部分がビジネスの時間へと置き換わっているという意味では、ネット販売に振り回されているようにも見えるし、視点を変えれば、環境を上手く取り入れて積極的に生きているようにも見える。

何かを売るということをめぐる人々の心には奥行がある。売る上でサイトの設定から、商品写真の撮り方、写真の加工技術、魅力的な説明文、配送方法の知識、など総合的な技術とセンスが問われるのである。一連の流れで性格の陶冶ということも生じるだろう。がさつな人と神経が細やかな人とではメールのやりとりや、梱包の仕上がりにも自然と差がでる。丁寧な仕事を心掛ければ、落札者からの高評価として反応が返ってくる。努力と心遣いが報われた思いになる。自身の能力がふくらむ感覚も生まれ、喜びに通じる。不安定な世の中を渡り歩く技術として、売る技術の習得を好意的に受け止めている。

個人間商取引が盛んになることの背後に、お膳立てされ、与えられたモノを買う消費者の枠を超えて能動的に個人として計算を尽くしたり、心のひだにふれたりする生活の掘り下げと拡張への志向がある。

## ❖ 売るのではなく、あげるという選択

インターネットで何かを買う先に、いかに安く、という次元を超えた領域が広がってくる。ネットを介して、タダで手に入れられるようになってきたのだ。これは逆に、売らないでタダであげる方を選ぶ人が居ることも示す。

不要なものを無料で譲る人と、それを受け取る人とを繋ぐネットサービスがある。典型がクラシファイドサイトと呼ばれる形態だ。カテゴリ別に分類された掲示板に告知を掲載するサービスである。サイト上には、稽古の入会募集や地域商店の広告など、様々なカテゴリがあり、紙媒体で同じことを地域で促進してきた『ぱど』のようなフリーペーパーがネット空間で展開されているわけだ。利用料は基本的に無料で、目玉のサービスが「売ります・あげます」の不用品譲渡である。ユーザー同士のモノの譲渡と売買が直接行われている。不要なモノを人に譲るということは昔からあったことである。インターネットは、これが容易に幅広く行われるようになったということと違う側面が宿っている。

そもそも、無料でモノのやりとりをする贈与や交換現象は、経済活動に直接的な関わりを持たない。資本主義社会の消費経済の枠組みを超えた現象だ。贈与とは、見返りを求めるものであるというモースの指摘はその通りである。(16) しかし、ネットを通じて二度と会わないであろう赤の他人への贈与に、見返りは期待できないことである。従来の贈与行為から逸脱したことになるが、広い社会的な感覚の下に生きるということの意味を見出し、そう感じているわれわれがいるということであろう。東日本大地震の影響もあってか、平成二三年度に災害ボランティア活動を行った人々は四三一万七千人であり、平成一八年度の一三二万人と比べると、約三倍も増加している。[17] インターネットの世界においても社会的な意識で、誰かに役に立ちたいという動機が働いている。誰かの役に立てるということは、自分自身の存在を肯定してくれるものである。しかし、実際には、業者にお金を払ったり、手間ひまかけて売ったりするよりも、クラシファイドサイトで欲しがる人に譲った方が楽だからそうする。ついでに、人の役に立つことをした私という陶酔感も味わえる。ネット上の出来事には、人間の矛盾した深層が宿っているのである。

## 6 リテラシーとエディターシップ

人々にとって、ネットショッピングの意味自体が時代の変化と共に変化してきた。人々のネットの楽しみ方も無邪気な遊びの中での楽しみ方から、実生活に即した大人の楽しみ方に変質してきたのだ。ネット経験を積み、老獪になってきている。だが、ネットでの買い物がわれわれにとってすべてではない。他の買い物方法との割振り方やバランスのとり方も、人それぞれの価値観による。生活術に、合理的な計算と感覚的な好き嫌いが混交している。

インターネット売買の現象から、透けて見える人々の新たな側面とは、リテラシーとエディターシップの二つである。つまり、そこで何が生じているかを判別したり、情報を識別したりするリテラシー能力と、自分の価値観に合うようにどこでどのようなやり方でなにを得るかを自己編集するエディターシップ能力の二つである。ネットショッピングでいえば、品質、価格、配達までのスピード、提供のされ方や価値観など、あらゆる側面を比較しながら、自分のライフスタイルに最適な方法を選別し組み入れることが、生活リテラシーとエディターシップといえる。

そもそも、社会や文化が変化していく中で、われわれは常に厖大な要素を識別し、編集しながら生きている。現代ではそれが大きな課題となってきているが、その大きな要因として、テクノロジー、とりわけインターネットの発展がある。インターネットのインフラがあるからこそ、人々は大量の情報を手に入れ、編集することができるのだが、同時にそれは難しいことでもある。われわれは、様々な自分なりの生活メニューを創造できる環境にある。そして、実際に生活の新たな可能性を生むインターネットのような新しい要素を解読し利用することが増えている傾向にある。もちろん、実際の店も利用すればウィンドーショッピングで街を楽しむ。だが、現実とインターネットが結合することで、われわれの生き方の幅や可能性は確実に拡がってきたのである。

実店舗とネットショップなどあらゆる販売ルートを自在に行き来できるシステム、つまり、オムニチャネルという言葉が企業サイドで喧伝されるようになった。端的にいえば、われわれは、欲しいものを、様々な選択肢の中から選べるようになったということである。ショールーミングと裏腹に、インターネットをカタログ代わり、あるいは実店舗の在庫確認のために使って、実際には実店舗で手に取って見てから買うということも起きている。また、ネットで買って、店頭で交換するサービスもあらわれてきた。

根本的に考えると、インターネットが始まる前から、自分の好きなように買うことは、人々にとって当たり前のことであった。生活する人間の基本的な性格が変わったわけではない。すでに述べてきたように、インターネットの下での口コミも、ショールーミングも、個人間売買も人々がそこで得ようとするものや、そこに動く情動は、すでに存在してきたものの延長線上にあるものであった。リテラシーと編集行為も昔からある生活基本技術なのである。いずれにせよ、インターネットは、専ら売られたものを型通りに買うことを中心とする生活から脱して、自分の行動を軸にして生活する領域を拡大してきたといえるだろう。

# 7 おわりに

インターネットで売買する人々の出現は、消費者という言葉を死語にするものでない。しかし、企業によって提供されるモノの受身的な購入者として想定されてきた消費者という枠組みで、われわれが生活する世界が説明される部分が後退してきたことは事実であろう。

その有力なツールがインターネットであった。依然として、テレビ通販などでの企業の販売も市場を守ってはいるが、人々は以前のように素直な顔を見せるわけではない。画面で見た物をインターネットサイトで、中古で手に入れてしまう。さらに、購入したモノをネットオークションで売り払って、その金で別なものを購入する人もあらわれる。要するに、新しい生活の感覚と価値観が生まれてきているのである。

こうした新しい環境でインターネットの様々なツールが生活領域に生み出していること、つまり、節約、選択、遊び、知恵、工夫、表現、交流などの諸々が、どこか懐かしい社会文化的価値であることは興味深いことである。

## 注

（1）総務省の調べによれば、平成二五年の一年間にインターネットを利用したことのある人は推計一億四四万人である（総務省「平成二五年通信利用動向調査の結果」〈http://www.soumu.go.jp/johotsusintokei/statistics/data/140627_1.pdf〉（2014.1.4.）。

（2）〈http://labs.yahoo.com/publication/augmented-ethnography-designing-a-sensor-based-toolkit-for-ethnographers/〉（2015.3.18.）

（3）カー〔二〇一〇〕。

（4）佐藤研司編著〔二〇〇六〕一三四頁。

（5）㈳日本通信販売協会「ネット通販に関する消費者実態調査 2013」〈http://www.jadma.org/tsuhan-kenkyujo/files/jadma-report_2013_10.pdf〉（2014.10.19.）。

（6）リッデルストラレ＆ノードストレム〔二〇〇一〕八〇頁。

（7）リッツァ〔一九九九〕。

（8）レルフ〔一九九九〕。

（9）アンダーソン〔二〇〇六〕七五頁。

（10）佐藤研司編著〔二〇〇六〕一二三―一四三頁。

（11）『日経ＭＪ』二〇一四年九月一九日。

（12）日本フリーマーケット協会「フリーマーケットとは」〈http://freemarket-go.com/about.html〉（2014.11.2.）。

（13）フリマアプリで販売するときの利用料については、出品料無料で、取引成立時に販売手数料が約一〇%かかるのが一般的である。販売手数料も無料のフリマアプリもある。口座振込み手数料がかかる場合もある。また、定額出品を基本とし、客からの値引き交渉が頻繁に行われる点が、ネットオークションと異なる点である。
（14）このことについては、本書第6章「手作りの生活：自己表現の舞台」を参照されたい。
（15）「おトクに暮らす女子の稼ぎワザ公開！」『日経ＷＯＭＡＮ』二〇一三年八月号。
（16）モース［二〇〇九］。
（17）総務省統計局「災害ボランティア活動を行った人の状況」〈http://www.stat.go.jp/data/topics/topi671.htm〉（2015.3.14.）。

# 第5章 レンタル・シェアの生活

## ―持たない生き方―

# 1 はじめに

〝所有から利用へ〟とわれわれの生活スタイルが変わりつつあるといわれている。これまでのように、モノを購入して所有するのではなく、借りて済ます、あるいは誰かとシェア（価値を分かち合う）して使うといった方法である。

たしかに、そのほうが経済的で、資源保全にもつながる行為である。すでに多くのモノに囲まれている現在、このような生活スタイルが注目されるのも当然のことであろう。

企業経営においては、以前から〝持たない経営〟が環境変化に対する有効な手段とみなされてきた。それがわれわれの生活にも及んできたのである。

それでは、〝所有せずに利用する生活〟、〝持たない生活〟とは、どのようなものなのだろうか。本章では、その実態を読み解き、そのような生活スタイルの拡がる意味や〝持たない生活〟のためのツールの使い分けなどについて考える。

# ２ 持たない生活の選択肢

## ●レンタルという発想

生活コストを考慮して、たまにしか使わないモノはレンタルで済ませようという発想は以前からあった。自動車、スーツケース、ベビーベッド、着物などが代表的なものである。特定のライフステージやオケージョンにおいてのみ使用されるモノ、これらが基本的にはレンタルの対象となっていた。用が済めば返却することができる、このような手軽さがレンタルを利用する魅力であった。

最近では、レンタルの対象品目も思いのほかに増えている。ざっと眺めただけでも、家庭用菜園、オートバイ、家具、マッサージチェア、雛人形、ペット、ブランド物のバッグ、無人島など様々である。最近では、生活に彩りを与えるような製品群がレンタルの主要な部分を占めているようだ。生活様式や嗜好が多様化していることの現れであろう。

リユース品と同様に、われわれとレンタルとの付き合いは古い。江戸時代には〝損料屋〟といわれる貸物商があった。損料（貸し賃）を取って、生活に必要な物品を貸し出す業者である。狭い長屋暮らしの江戸庶民たちは、夏になると蚊帳を借り、冬になれば蚊帳を返して布団や褞袍（どてら）を借りたという。着飾って花見に出かけるときなどは、頭のてっぺんからつま先まで、身につけるモノはすべて損料屋で借りて出かけることもあったという。[1]

はなからモノを持たない江戸庶民とは事情が異なるが、われわれがこれまでレンタルを活用してきたのは、モノを持つことの非効率を少しでも減らそうという発想からであった。買うのはもったいない、借りて済まそう、そう考えたときに利用するのがレンタルサービスだったのである。

すでに豊富なモノに囲まれているわれわれにとって、生活のための用具をレンタルしようという発想は珍しいものになってきているのかもしれない。それでも、生活防衛や資源の有効活用という観点からすれば、レンタルという発想は覚えておくべき有用な生活の知恵であろう。

## ❖──●シェアの登場

モノを借りて済ませる時代の到来は、すでにリフキン〔二〇〇一〕によって指摘されていた。彼は、そのような時代を「アクセスの時代（Age of Access）」と呼んだ。そこでは、社会環境や技術の変化が激しくなると、購入する、所有するという行為にあまり意味がなくなってくることが背景とされていた。そのような状況のなかでは、消費者は「買い手」ではなく、モノにアクセスするだけの「ユーザー」としての性格を強めるようになるというわけである。

その後、ボッツマン&ロジャース〔二〇一〇〕が『シェア』を著し、「コラボ消費」の台頭を指摘した。コラボ消費とは、コラボレーションやコミュニティという価値観に支えられた消費のあり方で、具体的には、共有、貸し出し、借り入れ、売買、贈与などの形となって現れる。そのような消費形態が拡がる背景としては、節約、つながり、環境保護といった視点が強調されている。二〇〇〇年代に入って、環境や技術の変化に加え、消費者の意識自体にも変化が起こってきているという指摘である。

リフキンが〝アクセス〟という概念を強調し、ボッツマン&ロジャースが〝シェア〟という概念を提示する。所有せずに利用するという発想は同じだが、シェアという考え方には社会的な志向性が伴っている。つまり、社会のなかで、あるいは社会とともに、資源を有効活用していこうというスタイルである。

このような概念の登場は、ソーシャル・ネットワーキング・サービス（ＳＮＳ）の登場とも相まって、新たなビジネスの誕生を促進する一方で、レンタルという従来型のサービスにも変化を及ぼすことになったのである。

## レンタルとシェア

〝持たない生活〟のための基本的なツールは、レンタルとシェアである。

以前は、〝持たない生活〟の選択肢としてはレンタルが主流であった。ところが、二〇〇〇年代に入って、社会性な志向性を強調しながら新たにシェアという考え方が現れた。しかし、一口にシェアといっても、カーシェアリングのように事業者が中心となって展開する営利目的のものと、ルームシェアのように利用者側が主体となって資源を共同利用しようとする非営利目的のものとが混在しているのが実態である。そこで、ここでは、そのような実態もふまえ、いくつかの

〝持たない生活〟のためのツールの整理を試みよう（図表５―１）。

まず、レンタルやシェアを行うのが営利目的か非営利目的かという分類軸をおいてみる（横軸）。次に、レンタルやシェアの対象となるのが物財か非物財かという分類軸を立てる（縦軸）。この二つの分類軸によって、レンタル、シェアのいくつかの形態を位置づけることができるように思われる。

まず、営利目的でおもに物財を貸し出す（従来型の）「レンタル」がある。先にも述べたように、以前からよく活用されてきた形態である。ここでは、このレンタルに、家事代行など非物財のサービ

図表５―１　“持たない生活”のツール：レンタルとシェア

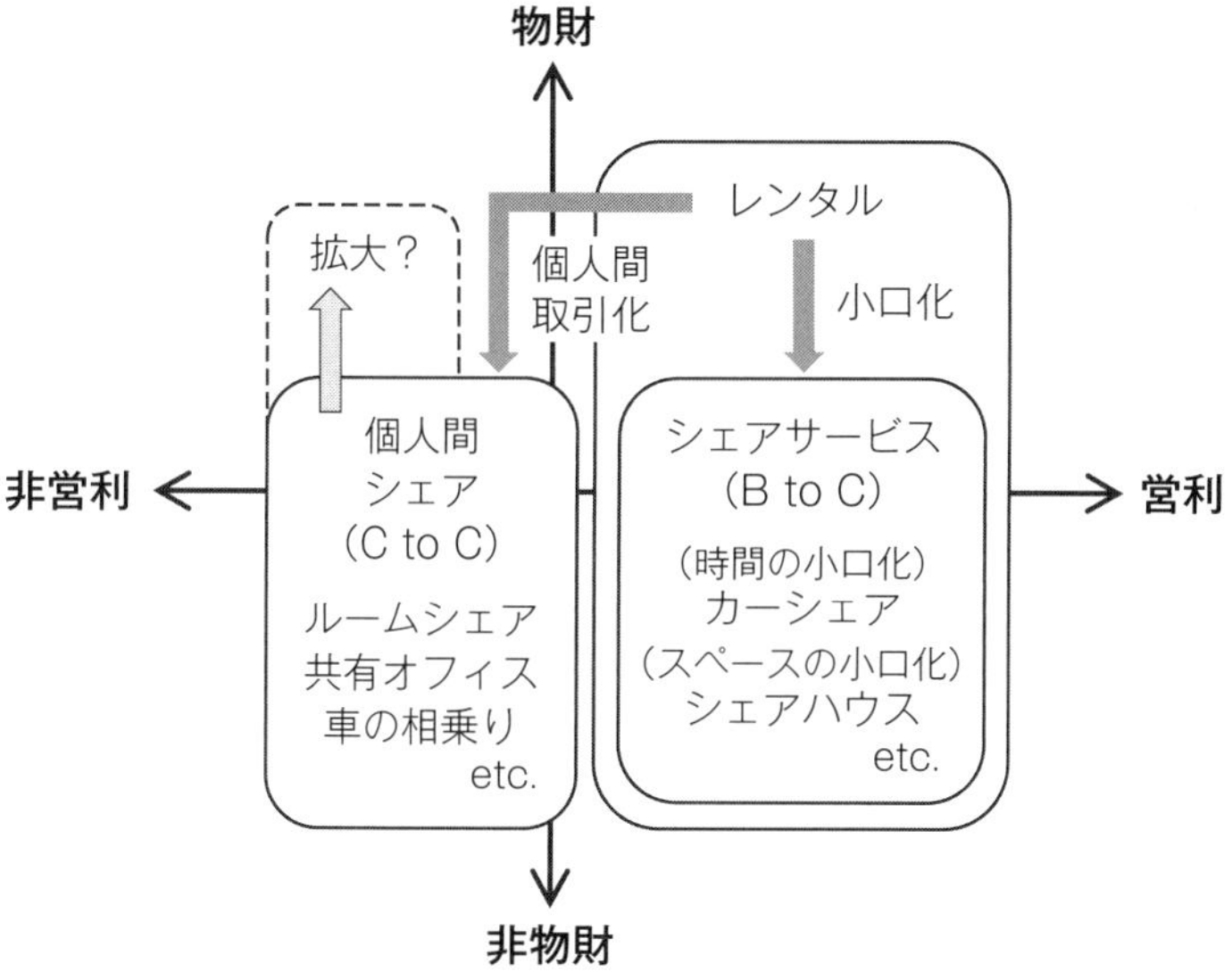

スを利用する（借りる）ことも含めて考えている[2]。

ところが、ここ数年、カーシェアリングやシェアハウスなど、事業者がおもに営利目的で展開する「シェアサービス」がみられるようになった。これらは、レンタルと同様に事業者対個人（B to C）という貸し借りの関係に基づくもので、これまでのレンタルビジネスの延長線上にある。

しかし、この「シェアサービス」がレンタルと異なる点は、貸し出す単位を小口化しているところにある。例えば、カーシェアは貸し出す時間の小口化、シェアハウスは貸し出すスペースの小口化である。情報化の進展や人々のコミュニティ志向などを背景に、このようなサービスの小口化が可能になり、また意味をもつようになってきたのである。

一方、非物財を中心に、貸し借りが個人間で行われることも多くなっている。レンタルの個人間取引化ともいえる動きで、それが「個人間シェア」（C to C）と呼ぶべきものである。これには、ルームシェアやオフィスの共同利用などのほかに、インターネットのプラットフォームを通じて旅行者に自分の家（＝スペース）を貸し出したり、自分の車への同乗者を募ったり、あるいは専門家の技術やノウハウを活用したりすることなども含まれる。このような動きは営利目的の場合も、それを第一義としない場合もあるだろう。

これまで、レンタルとシェアという言葉は、やや混同して用いられる傾向にあった。しかし、レンタルが「小口化」、「個人間取引化」したものが「シェア」だと考えれば分かりやすいのではないか。前者が「シェアサービス」（B to C）、後者が「個人間シェア」（C to C）である。

ただし、個人間シェアとなると、どうしてもスペースや技術、サービスなどの非物財を分かち合うという性格が強く、モノ（物財）を共同利用するという動きをみることが少ないのが実態である。個人間シェアでも物財の貸し借りが拡がっていくかどうか、いまだ不透明である。

なお、ボッツマン&ロジャース［二〇一〇］の表現を借りれば、事業者が主体の営利目的のレンタル・シェアサービスが「プロダクト・サービス・システム」に、利用者が主体の個人間シェアが「コラボ的ライフスタイル」に該当すると考えられる。

# 3 自動車をシェアする人たち

## ●カーシェアリング・サービス

シェアサービスのなかでは、ここ数年、カーシェアリングの成長が特に注目されている。レンタカーに比べて短時間での利用が可能な点やガソリン代・保険料などを利用者全員で負担するというコンセプトが受け入れられているようである。とくに、自動車の保有コストが高い都心部では、自動車を持たずにシェアする動きがひろまりつつあるようだ。

カーシェアリングの原型は、車が高嶺の花だった時代(一九四〇年代)に、スイス・チューリヒの人々が一台の車を共同で使ったことが始まりといわれている。その後、一九八〇年代に、同じスイスでカーシェアリング・サービスが始まった[3]。

日本で、カーシェアリングが事業として展開されるようになったのは、二〇〇二年のことである。車両台数が一、〇〇〇台を超えた二〇一〇年から急拡大し、二〇一四年一月現在では、車両ステーション数が約七、六〇〇か所（前年比三四％増）、車両台数が約一二、四〇〇台（同四〇％増）、会員数は約四七万人（同六一％増）という状況となっている。[4]現在ではさらに拡大していることが予想されるが、導入から一〇数年を経て、カーシェアリングも自動車を活用する際の選択肢として定着してきているように思われる。

ちなみに、このようなカーシェアリングの成長を「人口対比の会員数」でみると、カーシェアリング先進国のスイスが一・三％ともっとも高い水準にある一方で、日本も〇・四％という数値になっており、ドイツやアメリカを超え、カナダと肩を並べる水準にまで高まっている。[5]日本におけるこのような普及率の高さは、密度の高い都市構造やモノを大切に扱うという文化的要因の反映とも考えることができる。だとすれば、カーシェアリングは、日本においてまだまだ成長の余地があるという見方をすることも可能だろう。

一方、このようなカーシェアリング市場の成長をうけ、上位サービス企業（タイムズ、オリックス、カレコなど）は、提供する車種のバリエーションを増やしたり、料金体系をより使いやすく改定したりするなど、各社の特徴を打ち出す取り組みを行っている。カーシェアリング市場も、その拡大の早さから、一気に差別化競争の段階に達してきているようである。

なお、カーシェアリングが拡大する一方で、(従来型の)レンタカーサービスの売上高も好調であることが注目される(例えば、ニッポンレンタカーの二〇一四年九月期の売上高は前年比四%増)[6]。このような傾向が続くとすれば、自動車については、持たずに借りるというスタイルが予想以上に拡がっている可能性がある。

## 自治体と自動車シェア

カーシェアリングについては、環境保護や観光振興の観点から、行政があと押しする例もみることができる。横浜市では、二〇一三年一〇月から、日産自動車と共同で「チョイモビヨコハマ」という二人乗り超小型電気自動車(ＥＶ)のシェアリング実験を行っている。

当初は実験期間を一年間とし、短時間利用を想定して一分二〇円という価格設定を行っていた。ところが、会員数が二〇一四年九月時点で一〇、六五一人にのぼり、横浜市中心部の移動手段として定着しつつあることから、実験期間を二〇一五年九月までさらに一年間延長し、料金体系も新たに観光客向けとビジネスマン向けの二種類を設定することにしたという[7]。

さいたま市でも、ホンダとの連携のもとに二〇一四年一〇月からＥＶ実験が開始されている。

同市では、ＥＶを高齢化社会における新たな移動手段と位置づけており、その活用を通じて低炭素の街づくりにつなげる意向だという[8]。

このような行政主導でのカーシェアリング実験は、まだ都市部だけにみられるものである。それでも、事業者によるカーシェアリング・サービスとともに、われわれが自動車を〝利用する〟ための接点をさらに増やしていくものであることは間違いないだろう。

## ●個人間の自動車シェア

自動車は（所有せずに）使用するものという発想が拡がれば、個人間での自動車シェアを促進しようというサービスが立ち上がるのも当然である。

例えば、個人間の自動車の貸し借りを仲介する「CaFoRe（カフォレ）」というサービスが展開されている。平日には乗らないといった利用時間の少ないオーナーからの貸し出し情報を、借りたい人との間で仲介・売買するというサイトである。

貸し出されている車をみると、思いのほかに外車が多い。移動手段という自動車の機能的価値にとどまらず、その情緒的価値までもがシェアされている様子がうかがえる。

この他にも、自動車の〝相乗り〟を拡大しようというサービスも展開されている。米国の「Lyft」（リフト）や「UBER」（ウーバー）は、自家用車を使って配車サービスを提供したい人と、それを利用したい人とをインターネット経由で結び付けようとするサービスである。〝白タク〟（無許可のタクシー）と同じ図式だが、利用者が運転者に支払う対価を〝寄付金〟とすることで、あくまでも相乗りサービスだという主張を行ったという。その後、タクシー業界の反発もあり、寄付金ではなく通常料金（それでもタクシー料金よりは安い）へと移行させることで、カルフォルニア州などでは適法という判断を下したもようである。[9]

日本では、このような個人による配車サービスはいまだ許可されていないが、[10]相乗りサービス（ライドシェア）として「のってこ！」などのサービスが立ち上がっている。目的地や希望負担金額を明示したうえで相乗り仲間をみつければ、経済性（ガソリン代や高速料金などが割り勘になる）、楽しさ、仲間づくりなどのメリットがあるというコンセプトである。

このように多様なサービスが展開されているところをみると、自動車については、利用者の価値観や使用オケージョンに応じて様々な使い方（アクセスの仕方）が可能になってきているといえそうである。

# 4 コミュニティを創造し、活用する

## 居住空間をシェアする

シェアハウスは、複数の人たちが一つの家を共有して生活するもので、部屋は個室を利用するものの、キッチン、リビング、シャワールームなどは共用部分とする形態が多いようである。シェアハウスのメリットは、エコノミー、コミュニティ、セキュリティだといわれている。[11] 経済性や人とのつながりだけでなく、防犯上の利点もあるということから、若い世代の女性を中心にひろまってきた住居形態である。

このようなシェアハウスに対して、二〇一三年九月、国土交通省がそれを〝寄宿舎〟とみなす判断を下したことが報じられた。このような判断は、いわゆる「脱法ハウス」問題への対応の一環だが、シェアハウスが寄宿舎と判断されることになれば、非常用照明灯や防火壁の設置などの対応が必要となり、既存の多くの物件が違反するものとされた。その後、国土交通省の見解は撤回され、現在では、貸し手と借り手が個室ごとに契約するのではなく、マンションであれば一住戸、戸建てであれば建物全体を複数人が連名で契約する方式であれば、寄宿舎には該当しないことになっている。(12)

シェアハウスという住居形態が市民権を得るとともに、様々なニーズに応じたシェアハウスが企画されている。例えば、子育て世代を対象としたシェアハウスである。集合住宅を改修し、子育て支援サイトと連携したうえで共用部分として子育て用のスペースを確保した物件、入居者をシングルマザーに限定してベビーシッターを派遣できる仕組みを取り入れた物件、シニア世代も含め、様々な世代の入居者を集めて子育てにつなげようとする物件などである。(13)

昔は、子育ても近所の人たちの助け合いによって行われていた。子育てのためのシェアハウスは、失われた地縁、コミュニティの再構築という意味を持っているのであろう。

「Colish」というシェアハウスのポータルサイトを訪れると、この他にも様々なタイプのシェアハウスが紹介されている。自然をテーマにした物件、異文化交流をテーマにした物件、異世代交流をテーマにした物件などである。このような例をみると、シェアハウスは同好の士を募ったり、人種、職種、世代などの多様性に出会ったりするコミュニティとして機能していることがわかる。少なくとも、個室に閉じこもって隣の人とは口もきかないような、これまでのワンルームマンション方式とは異なった居住形態が現れてきているといえるだろう。最近では、疲弊した中心市街地や高齢化の進む団地の活性化のためにシェアハウスが活用されるケースも出てきている。

ところで、シェアハウスでは、施設を共有したり、居住者間で家事を分担したりする場合が多いため、生活面ではそれなりの気遣いが求められるようである。例えば、掃除の出来不出来やキッチンの使い方が人によって違うことへの不満、仕事で深夜に帰宅したときの生活音への配慮、リビングで談笑するときの服装への気配りなどが必要になってくるという。今後シェアハウスが定着するかどうかは、われわれがこれまで以上に他者への思いやりや成熟した生活スタイルを持ち得るかどうかにかかっているといえる。

## ❖子育てをシェアする

二〇一三年四月に開始された「AsMama」（アズママ）という子育てシェアサービスがある。同社のホームページによると、同サービスへの登録者は二五、七二〇人（二〇一五年四月現在）、参加者の累計は一四二、一七六人（同五月現在）となっている。

このサービスでは、会員登録を行うと、住む場所や子どもの保育園などでつながりのある人たちとのネットワークが形成される。そして、急な用事・残業などで保育園の送迎や子どもの一時預りなどが必要になったとき、そのネットワークを通じて助けを求めることができるというものである。

このサービスでは、預ける相手が近所の人、顔見知りの人であっても、一時間当たり五〇〇円の謝礼を支払うことになっている。その方が、頼む方も頼みやすく、また、頼まれる方としても仕事として責任感をもった対応が可能になるからだという。もし誰も対応できない場合でも、独自の研修を受けた「ママサポーター」が送迎などを引き受けるようになっているということだ(14)。

今後は、福利厚生サービスとして企業との一括契約も目指し、同一企業内で子育て中の社員を組織化し、相互に支援する仕組みを構築するという(15)。

一般的には、子どもの預け先は保育園、幼稚園などが中心となる。しかし、待機児童の問題もあり、政策的な対応が求められているのが実情である。このような子育て支援サービスは、子育て用のシェアハウスと同様に、行政で未解決の問題をシェアという観点から解決しようとするものである。子育て用のシェアハウスが〝地縁〟の再構築による対応だとすれば、子育て支援サービスは〝知縁〟を活用した社会的課題への対応ともいえるだろう。

少子化への対応が叫ばれるなか、女性にとっての働きやすい職場の実現とともに、相互扶助的なコミュニティをどう構築していくかという問題も重要である。そのようなコミュニティ（地縁、知縁）の再構築に、現代ではシェアというコンセプトが有効だということであろう。

## ●自転車をシェアする

社会的な有効性の追求という観点からすれば、自転車シェアも注目してよい形態である。

自治体などが主体となって自転車をシェアし、地域に居住・勤務する人たちの移動手段とするしくみは「コミュニティサイクル」と呼ばれている。全国でこれまでに約四〇の自治体がその本格運用を行っている(16)。

東京都内でも、二〇二〇年の東京五輪に向け、豊洲・有明地区（江東区）、港南地区（港区）などの臨海部、あるいは千代田区といった都内中心部において、コミュニティサイクル実験が実施もしくは計画されている。

このような自転車の利用方法は、二〇〇七年にフランスのパリ市がはじめた「ヴェリブ」が成功事例とされ、それ以来、環境意識や健康意識の高まりとともに拡がってきたものである。[17] 借りた場所で返すことが原則のレンタサイクルとは異なり、複数のステーション（駐輪場）を設け、利用者は乗車した場所以外でも返却することが可能である。

二〇一二年一一月から実験が開始されている東京都江東区の例をみてみよう。

会員プランは「一日パス」、「一回会員」、「月額会員」の三種類である。一日パスは四七七円（税別）、一回会員は最初の六〇分が九六円（同）、以降の超過料金が三〇分ごとに九六円（同）となっている。また、月額会員は基本料金が月九五三円（同）で最初の六〇分が無料という設定である。支払いは、交通系ICカードかクレジットカードで行うようになっている。

ステーション数は、豊洲、東雲、有明、台場地区全体で二一か所あり、自転車数は三〇〇台の規模である（二〇一五年二月現在）。これらの臨海地区には高層住宅、様々な商業施設、大規模展示場、駅、文化・スポーツ施設、公園、病院、大学などが集積している。このような地区での自転車シェアは、移動の簡便性や費用対効果の観点から、地域に居住・勤務する人たちにとって有益なものだろう。自宅の近くにステーションが所在していれば、自転車さえも買わずに済んでしまう時代なのである。

しかし、自転車シェアにも課題が残されている。

まず、事業採算に乗りにくいという問題である。利用者にとっては安価で利便性の高いシェアサービスだが、収入源は利用者の支払う利用料や車両への広告掲載料などに限られてしまう。財政負担の面からも、企業による協賛など、さらなる対応が求められる問題である。この他にも、自転車シェアには盗難や持ち去りの問題、交通トラブルへの対処、自転車専用道路が未整備であるといった課題がある。

これまでにも、自転車シェアには、走行区間が自治体区分に限定されているという問題があった。しかし、東京都と千代田、中央、港、江東の四区が自転車シェアリングの広域連携に関わる基本協定を結び、区域を超えて自転車を自由に借りられるようにするという対応をとった(18)。

このように、行政サイドが解決すべき課題もある。それでも、盗難や交通トラブルなどの問題を考えれば、シェアハウスの場合と同様に、われわれ自身がこれまで以上に社会的な意識を持ち、かつ良心的な行動を取っていく必要があるといえる。

# 5 個人間シェアの陥穽

## ●シェアする不安

以前、インターネット経由で個人同士がモノを貸し借りするサービスが立ち上げられたことがあるが、うまくいかなかった。

そのサービスは、貸し手が使っていないモノをインターネット上で公開し、利用希望者が現れたら、その人に送料を負担してもらい品物を郵送するというものである。貸し手が設定した利用期間が終了すれば、さらに次の利用希望者に対して、その品物が転送されていくという仕組みになっていた。インターネット・オークションとの競合によって会員数が伸び悩んだことや、借りたまま返さないという迷惑行為が発生したことが原因だといわれているようだ。

遠隔地に居住していて面識のない個人同士がモノの貸し借りを行うのだから、貸し出す側には品質の良いモノを出品しようという奉仕の精神があり、借りる側には使用や返却についての倫理観が定着していることが前提になる。一定の品質をもったモノが提供されずに、借りるほうも〝借りたまま〟というようなことがあれば、個人間での物財の貸し借りが拡がることは難しいだろう。

個人間シェアでは、非物財を分かち合うことが多く、物財を貸し借りする動きが少ないことはすでに述べた。所有するモノを貸し出そうとしたとき、面識のある人ならともかく、インターネット上でつながっただけの面識のない人であれば、〝品質は保全されるのだろうか〟、〝期日までに返してくれるのだろうか〟という不安を抱くのは当然だからである。

一方、非物財の貸し借りであれば、物財に比べて貸主側のハードルは低くなる。自動車の相乗りサービスなどでは、貸主が借主の利用状況を逐次確認することが可能である。ルームシェアや共有オフィスの場合、利用者同士の相互監視に期待をかけることもできるだろう。このようなことから、個人間シェアでは、どうしても非物財のやり取りが中心となってしまう。

物財の貸し借りが面識のない個人間にも拡がっていくかどうか、それはわれわれの意識と振る舞いにかかっているのである。

## ❖品のある振る舞いは可能か

現在のところ、個人間シェアをさらに拡大しようとすれば、物財の品質保全や借主側の倫理的な振る舞いを担保する何らかのしくみが必要となってくるようだ。

二〇〇八年に創業し、急成長を続けている米国の「Airbnb（エアビーアンドビー）」という宿泊用の空き部屋仲介サービスがある。同社は東京五輪を控える日本市場での事業拡大を目指し、日本語サイトを開設するなどの取り組みを始めている。同社が急成長した理由は、その事業コンセプトとともに、貸主・借主双方の不安を和らげる仕組みにもあるとされている。[19]

例えば、利用者の本人確認である。本人確認には、ソーシャル・ネットワーキング・サービス（SNS）のアカウントや公式の身分証明書などが使用される。また、利用者のレビューコメントにより、貸主や借主の良し悪しを他の利用者が確認することもできる（このような本人確認や相互評価の仕組みは、他のシェアサービスでもすでに採用されている）。

このような仕組み以外にも、同社では、借主が物品等を破損させた場合のための保証金制度、二四時間体制でのコールセンターの設置、同社が支払いを仲介することで現場での金銭のやりとりが発生しない仕組みなどを構築してきている。

これらの仕組みは、利用者の態度や行状に応じて、漸進的に作り上げてきたものだという。個人間シェアにおいて非倫理的な振る舞いを完全に排除することは難しい。だからこそ、利用者の裾野を拡げるためにも、このような対応がどうしても必要になってくるのだろう。

本来であれば、はじめは未知の間柄であっても、インターネットを通じて継続的に物財や空間などをシェアしあうことで、その関係が馴染みのあるものに変化していくことが望ましい。品のある振る舞いを通じて個人間シェアに伴うリスクを低減させていくことが、利用者相互に課せられた課題だといえよう。

# 6 レンタル・シェアの実践学

## ❖ ●レンタル・シェア拡大の背景

リユースやレンタル、シェアが合わせて議論されることが多いように（ボッツマン&ロジャース［二〇一〇］、サガンスキー［二〇一二］、三浦［二〇一二］など）、それらが拡がる背景には同様の要因が多い。いずれもが、〝新品を購入して所有する〟というこれまで当たり前のように採用されてきた方式とは一線を画す行為だからである。

リユースについては、それが拡大する要因として、経済性、社会的なストックの豊富さ、新品購入リスクの高まりなどをあげた。レンタルについても、経済性や新品購入リスクの高まりなどがあてはまるだろう。

一方、シェアが拡がる背景については、さらに、ボッツマン&ロジャース［二〇一〇］が指摘するような、人とのつながり志向や環境意識の高まりといった要因を付け加える必要がある。つまり、シェアには（レンタルやリユースに比べて）、社会的な志向性がより強く表れているのが特徴なのである。

## ●リユースとレンタル・シェアの使い分け

リユースおよびレンタル・シェアという行為は、いずれも〝新品を購入して所有する〟というこれまでのスタイルとは一線を画すものである。それでは、われわれはどのようにしてリユースとレンタル・シェアを使い分ければよいのだろうか。われわれの新たな生活ツールを総合的に理解するために、ここではこの点について考えてみよう。

あくまでも便宜的な分類だが、縦軸に財の使用頻度の高低をとり、横軸に物財・生活財、非物財・付加価値財という対比を行ってみる[20]（図表5―2）。

先にも述べたように、個人間シェアではどうしても物財のやり取りが行われにくい状況がある。品質保全の問題や返却への不安が拭えないからだ。

しかし、その個人間シェアの代替として、使用頻度の高い物財・生活財をやりとりする手段がリユース品の取引だと考えればよい。事業者を介して、あるいは個人間の取引を通じてリユース品を購入し、所有権を移転してしまえば、もはや心おきなく使用することができ、返却の手間も不要になる。つまり、個人間シェアで問題になるような品質保全や返却の問題からは開放されることになるのである。このような使用頻度の高い物財・生活財を安価に購入できるのがリユース生活の最大のメリットであろう。成長の早い子ども用の衣服、読み捨て用の書籍・文庫本などが代表的なものである。

一方、使用頻度の低い物財・生活財については、おもにレンタルが活用されることになる。一定の使用期間が済んでしまえばもはや

図表5―2　リユースとレンタル・シェアの使い分け

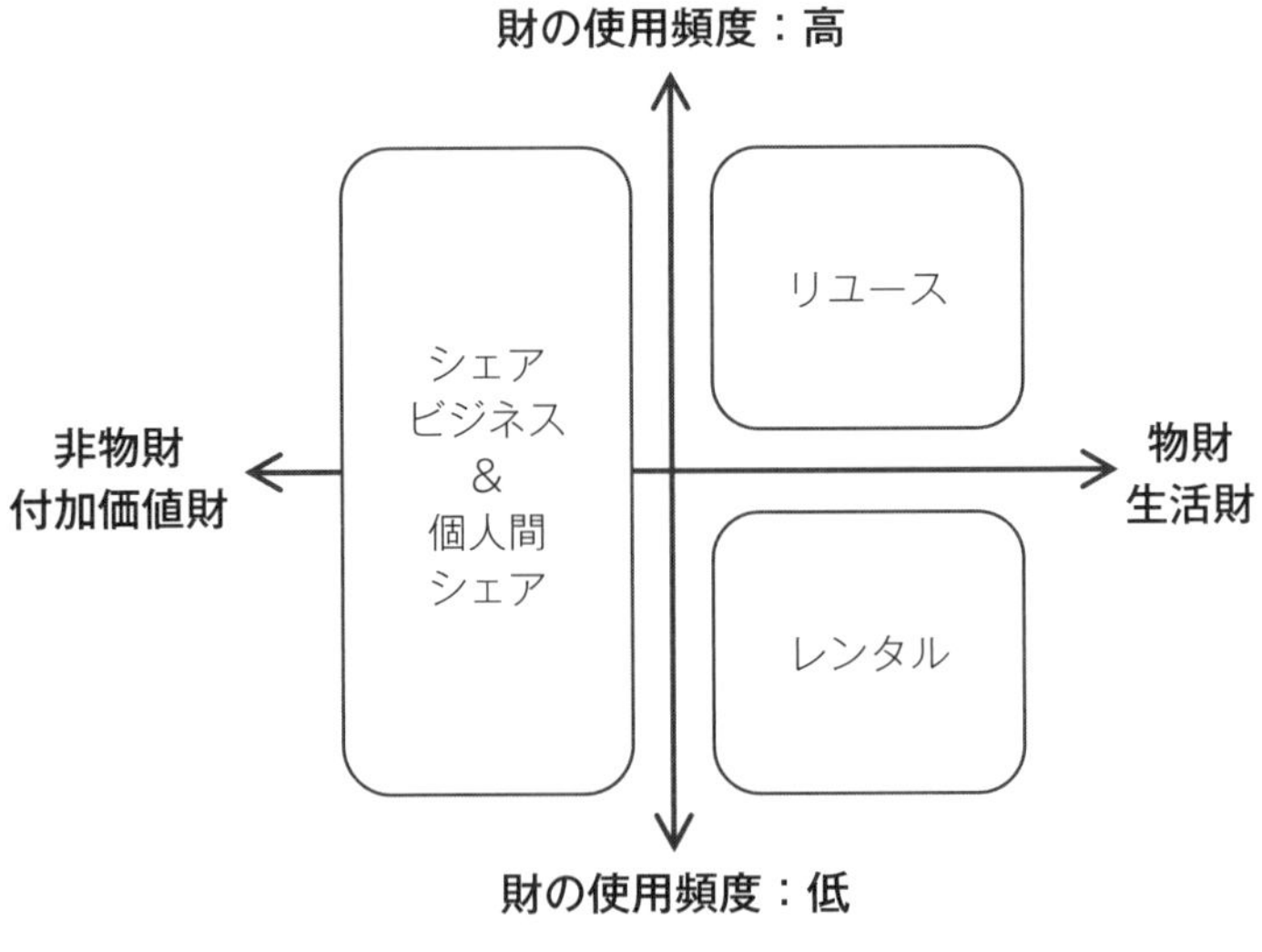

必要とされないモノ、すなわちベビーベッドやチャイルドシートを必要な期間だけ借りたり、ハレの日に普段では手の届かない着物やジュエリーを身につけたりというような活用のしかたが代表的なものである[21]。

また、このような使用頻度の高低にかかわらず、非物財・付加価値財を中心に活用されているのがシェアサービスや個人間シェアである。

週末の買物のためにカーシェアリングを利用したり、休日を過ごすために農園を借りたり、コミュニティへの参加のためにシェアハウスを活用したりというような場合である。住宅やオフィスのシェアなどは、スペースを分かち合うことに加えて、他人の人脈や知識、技術などを活用する側面もあるといわれている。まさに非物財・付加価値財のシェアである。

このように、財の使用頻度の高低、物財・生活財と非物財・付加価値財という二軸に従って整理すると、リユースとレンタル・シェアの使い分け方がおおまかに理解できるように思われる。これらが、〝新品を購入して所有する〟というこれまでの生活から一定の距離感をもった、新たな生活のためのツールである。

# 7 レンタル・シェア生活の意味するもの

## 消費の選択肢が拡がる

これまでみてきたようなレンタル・シェアを活用した生活は、われわれとモノとの新たな付き合い方が可能になってきたことの現れである。

これまでは、われわれとモノとの関係は、主に購入・所有という行為を通じて形成されてきた。それが、レンタルサービスの進展、シェアサービスの成長、個人間シェアの拡がりなどによって、モノとの様々な付き合い方が可能になってきたのである。

より具体的にいえば、われわれがモノを手に入れようとしたとき、新品を購入すべきものか、シェアするべきものか、あるいはリユース品でもいいものか、財の特性や自らの価値観、あるいはそのときの経済状況などと照らし合わせて、選択できる状況になってきたということである。

リユース品の取引は、消費の〝時間軸〟を拡げるものであった。通常の新品製品の購入・使用のあとに、さらにリユース品としての再販売・再使用過程が存在しているからである。一方、本章でみたようなレンタルやシェアの拡がりは、われわれにとっては、一定時点における消費の〝選択肢〟を拡げるものだといえる。

モノの価値を利用しようとする際に、買わずとも借りる、シェアするという形で様々な方法が選べるようになったのである。このような生活上の選択肢の拡大は豊かさの現れというべきである。しかし、一方で、それらをうまく使いこなすためのリテラシーが求められるようにもなっている。

## 機能・空間を共有する

価値共有の社会的ネットワークという観点からすれば、リユース品の取引は、社会的に〝所有権〟をシェアする仕組みであった。一方、レンタル・シェアの活用は、社会的に〝機能や空間〟をシェアするしくみである。

特に、現在のシェアサービスの成長は、余裕のあるスペースや時間、あるいは埋もれた知識や技能などをより有効に活用しようという多様な試みに支えられている。このような試みを通じて社会性と事業性との両立を図ろうとするのも、事業家としては妥当な方向性であろう。

しかし、先にもみたように、レンタル・シェアという行為には、品のある倫理的な行動が求められることを忘れてはならない。このような意味では、レンタル・シェアは、購入して所有するというスタイルに比べて、より高度な生活形態だといえるのかもしれない。〝所有せずに利用する〟社会において、試されるべきは、われわれの意識と振る舞いなのである。

## 8 おわりに

レンタルという発想が小口化、個人間取引化することで、シェアという行為がひろまりつつある現状をみた。それらは、シェアサービス（営利）もしくは個人間シェア（非営利）と呼ぶべきものであった。また、シェアという考え方には、リユースやレンタルと比べて社会的な志向性が強く現れていた。それは、人とのつながりや環境への配慮を重視するという志向性である。

このような変化をビジネスチャンスととらえ、様々な事業者がシェアサービスへの参入を図っている。また個人間でも、空間や機能をやり取りする機会が増えている。その結果、社会における多様な遊休資源との接点がわれわれに提供されるようになっている。

しかし、物財の個人間シェアについては、なかなか拡大しないのが実態である。この部分への対応が、われわれに課せられた大きな課題であろう。

**注**

（１）中江［二〇〇七］二五三―二五五頁。
（２）レンタルという行為は、モノの（所有権ではなく）使用権を一時的に確保している状態であるから、その対象が物財か非物財かという分け方自体は本来的に意味がない。ここでは、レンタルする対象物がモノ中心か、機能中心かという観点で便宜的にとらえている。
（３）『日経産業新聞』二〇一三年二月一三日。
（４）交通エコロジー・モビリティ財団調べ〈http://www.ecomo.or.jp/environment/carshare/carshare_graph2014.2.html〉。

（5）交通エコロジー・モビリティ財団調べ（URLは上記と同じ）。なお、この調査は、データが入手可能なアメリカ、カナダ、スイス、ドイツ、イギリス、日本の六カ国を対象に行われたものである。
（6）『日経MJ』二〇一四年一一月五日。
（7）『日本経済新聞』二〇一四年九月二二日。
（8）『日本経済新聞』二〇一四年九月一七日。
（9）『エコノミスト』二〇一四年三月四日。
（10）『日本経済新聞』二〇一五年四月三日。
（11）三浦・日本シェアハウス協会［二〇一四］一九九―二〇〇頁。
（12）三浦・日本シェアハウス協会［二〇一四］一〇一―一〇六頁を参考にした。
（13）『日本経済新聞』二〇一四年二月五日。
（14）『日本経済新聞（夕刊）』二〇一四年五月二七日。
（15）『日経ビジネス』二〇一四年一一月一〇日。
（16）『日本経済新聞』二〇一四年三月二五日。
（17）『日本経済新聞』二〇一三年一二月四日（近畿版）、二〇一四年三月二五日（首都圏版）、三月二七日（神奈川版）、四月二六日（千葉版）、など。
（18）『日本経済新聞』二〇一五年二月一八日。
（19）『日本経済新聞』二〇一四年四月二三日、『日本経済新聞』二〇一四年六月七日。ただし、このサービスについては、日本では旅館業法に抵触する可能性があるという見方もある（『Wedge』二〇一五年五月)。

(20)　このようなシェアやリユースに関わる分類軸については、ガンスキー［二〇一一］が、使用頻度×価格という二軸を使用しており、価格が高く、かつ使用頻度の低いモノ・サービスがシェアに向くとされている。本章では、物財の個人間シェアが行われにくいという実態を勘案し、価格よりも物財・非物財という分類軸のほうが、リユースも含めこれらのツールを総合的に理解できるものと考え、使用頻度×物財・非物財という分類軸を採用した。

(21)　ここでのリユースとレンタルの使い分けは、おおまかな傾向を考慮した便宜的なものである。例えば、CDやDVDなどは、休日用に大量に確保しようと思えばリユース店よりもレンタル店を利用する場合があるだろう。どちらが利用されるかは、それをつねに手元に置いておきたいかどうかという嗜好性の程度や価格などに依存する場合も多いものと思われる。

# 第6章　手作りの生活

## ―自己表現の舞台―

①　はじめに
②　手作り領域
③　手作りにおける損得勘定
④　手作りする人の深層
⑤　手作りの先に
⑥　リテラシーとエディターシップ
⑦　おわりに

# 1 はじめに

現代において、手作りする人々の意識と行為はどのようなものなのだろうか。われわれにとって生活の中で手作りする意味は何なのだろうか。手作り行為は多面的な行為であり、手作り現象を理解するためには、深層まで下りて人々の諸相を解明することが不可欠である。そこで、手作り行為における人々の意識とふるまいを探求するために五感、共感、個性、表現の四つの視点を切り口に議論した。

自分の手で自身の手作り作品を売るという新奇な現象にも着目した。手作り販売の拡がりから見て取れるように、今日の手作りの可能性は拡がっているのである。

手作り行為は、作る場面においても、売る場合においても、どのように作るのか、どこで売るのかなど、選択の連続である。多様な選択肢の中からどのような判断で選び取ったかについての理解も、人々の実態を迫る上で重要である。

## 2 手作り領域

部屋を見渡して、手作りしたモノ、されたモノを数えてみると、現代人の生活空間の中で、手作り品と手作り行為自体が少なくなってきていることがわかる。従来は生活の中に当たり前のように溶けこんでいた。着物を着ていた時代においては、自分で着物を縫って仕立てるのは当たり前のように行われていた。本にしても、今はコンピューターからの流れで刷っているが、昔は活版印刷職人が活字を拾い、印刷まで一連のプロセスを手作業で行う手作り品であった。活版印刷された本は、文字の微妙なにじみ具合が味わいとなり温もりが感じられる。一つ一つの手作り品の温かみが部屋全体に雰囲気を醸し出す。使い込まれた手作り品にはその人の気配が宿る。現代の無味乾燥で人工的なモノにはない質感がある。手作りされたものが溶けこむ空間は、われわれの心のひだに触れる。人々は心の豊かさを求めて手作りする。

そもそも手作りの領域はあいまいで広く、区切ることは難しい。最近、中華の素など加工食品を利用したものも手作りだと考える人が増えてきている。かつて、加工食品を使う料理作りには、いささかの心の引っかかりがあり、胸を張って手作りと言えない傾向であった。手作りという意味は、時代の変化と共に変質していることを示している。

本章での手作りの範囲は、手芸やＤＩＹにおける現象を中心とする。ＤＩＹとは、Do-it-yourselfの略で、修理や家具作りなど、自分でやれることは自分でやるという意味である。日本でいう日曜大工と等しい概念である。

## 3 手作りにおける損得勘定

手作りが好きな人は、買い物のときでも、これは自分で手作りできるのではないかと既製品と比較する。手作りするためのきっかけ探しもあるが、自分で手作りした方が安上がりではないか、という計算が働くのである。

事実、既製品を買うよりも、手作りする方が安く済む場合が多い。多くの人が手作りを始めるきっかけに金銭的な動機が絡んでいることは間違いないだろう。色々というが、手作りをする人の本音には、そこまでお金をかけたくないという気持ちは少なからずある。手作りする人々は、材料費の計算をしながら手作りしている堅実派が多いのである。

しかし、材料や道具をいちから揃えるとなると、何を作るかにもよるのだが、想像以上にお金がかかる。例えば、初めてＤＩＹする人が、木製デスクを作るとする。木材の他に、ネジなどの部品、電動ドライバーなどの工具、塗料など、一式揃えると意外とお金が掛かる。木材や工具もこだわり始めるときりがない。かといって、値段は性能と比例しているので安い道具で済ますと、品質や機能に難も生じ、自分が熟練してくると物足りなさも感じ、結局は安物買いの銭失いの結果となる。手作りするには、ある程度の初期投資を必要とするわけである。

安くて良い木材や道具を手に入れる方法を常に模索している人もいる。近所で家の解体工事に飛び込んで余った木材を分けてもらう人や、のみの市で安く工具を手に入れたと自慢話をする人もいる。それぞれ、お金を浮かせる努力と工夫をしているのである。

レンタル工房や手作りサークルの入会も考える。木工製作設備が最初から整った環境の中でスタッフやベテランから助言をもらい手作りができる。頻繁に手作りするわけでもないなら、高価な工具を自分ですべて揃えるよりも割安である。自宅で木工製作する際の騒音によって近隣住民に迷惑がかかる心配もない。

インターネットで情報収集し、材料と手順を吟味し、ホームセンターなどで材料を手に入れ、手作りして、と考えると、手作りするには労力がいる。手作りする人は、よく完成までの作業時間を時給換算する。材料費も加えて計算してみると、手作り品より既製品の方が割安なことも少なくない。手間との関係で、ホームセンターなどで木材のカットだけを依頼する人や、組み立てキットなど半既製品を手に入れる人も現れる。そこには、少しでも、手作りする過程は自分で楽しみたいという人々の思いがある。計算を超えた人間の欲求がある。

# ④ 手作りする人の深層

人々が手作りする中心的な動機は、手作りする過程の面白さであることは間違いないだろう。ＤＩＹが趣味で、ウッドデッキを作ったのは良いものの、作った後のバーベキューなどの家族サービスはおざなりで、次は何を作ろうかと考え始めている男性がいる。手作りの魅力に取りつかれたのである。他にも、もし作ることが楽しめなくなったら、ＤＩＹは辞めて他の趣味を探すと断言する人もいる。手作りしていくプロセスでの人々の意識とふるまいについて、四つの照明をあてて検討していく。

## 五　感

最近、万年筆の良さが再認識されている。万年筆で文字を書くと、ペン先のしなる感覚や紙の質感を全身で感じることができる。手書きの文字の味わいや、温かみ、面白みも感じることができる。万年筆は身体感覚を呼びさます。パソコンのキーボードで文字を打ち込む動作や感覚と根本的に異なる。万年筆で書いた手紙の交流は、メールのやりとりでは得られない感動がある。

インターネットが主流になるとヒフ感覚が薄れる。ことさら、スマートフォンの普及により、テクスチャーは均一で、指先の繊細な感覚は鈍り、五感に飢えを感じることになる。万年筆の良さも、五感が研ぎ澄まされ、身体的な感触を得られるという側面で、手作り行為とかなり重なる部分がある。現代の流れとは逆行するかたちで、豊かなヒフ感覚を得られる手作りの魅力が再確認されている。

木をノコギリで切るとき、木の年輪の感触が手を介して全身に伝わる。木の質感を全身で感じる。オガクズが舞うと、ふわっと木の香りがする。ノコギリで木をまっすぐ切るのは意外と大変で経験を積む必要がある。電動工具を使う場合はケガをする危険がある。日々の暮らしの中では、もしかしたら指を切り落としてしまうかもしれないという不安を抱く場面はない。張りつめた緊張感の中で集中力を研ぎ澄まし、頭と手を使い道具を捌いていく。このハラハラ感は、私は今確かに生きているという生の実感と通じる。手作り行為は五感を刺激し、鋭敏になる。余計な雑念は何も無しに、手を動かす時間は、至福のときである。

手作りしている最中はまさに、心理学者のチクセントミハイ(1)がいうところの、ある物事に没頭し喜びを感じる〝フロー状態〟に当てはまる。ある一点に集中し、混沌とした日常から一時的にも解放され、心が浄化され、ストレスも発散される。

角田は『日本人の脳』［一九七八］の中で、日本人にとって、左脳の言語脳は日常的に大変な負担がかかる特徴がある一方で禅、華道、弓道、茶道などの技芸は右脳の非言語的な分野に属し、日本人の創造力を育むと論じている。手作り行為中、集中力と研ぎ澄まされた感覚を体験する。世間のしがらみから離れ、孤独に物事を見つめなおす喜びを手作りする中で得られる。手作り行為は、心の安らぎだけではなく、禅や茶道と同様、創造力を高める行為だと考えられる。

禅をはじめとする日本の思想には、身体的な理解の中で、物事を見抜く洞察力こそが知性であるという伝統があった。薬師寺を修復した宮大工の西岡常一［二〇〇三］の著書を読むと、手仕事と知力との深い関わりを感じる。身体的理解を土台としたのは禅だけではない。アメリカを中心として拡がったプラグマティズム哲学も重なる面がある。プラグマティズムは、観念よりも行為を通じて真理を獲得するという考えを基礎にし、アメリカ人がＤＩＹに精力的に取り組む伝統と関係する。アンダーソンが『MAKERS』の中で、３Ｄプリンターなど機器を駆使して、仲間でアイディアを出し合い、クリエイティブなモノを創造し、世に送り出すアメリカにおけるＤＩＹの尖端を描いている。(2) その背景には、プラグマティズム哲学が深く影響しているだろう。アメリカの手作り行為と日本の手作り行為はベクトルが異なるのだが、いずれにせよ、手作りはいかに生活に役立てるかという観点で、暮らしの中で活きる能力の開発を志向する(3)。

手作りは、生活に生きる真の知恵を探求する奥深い行為である。手作りしている人々も、手作り行為は、段取りの良さや工夫など、知力や創造力を必要とする高度な行為であると理解している。熟練するにつれ、自分の中にノウハウが蓄積されることにも喜びを感じる。自分の感覚や知恵を耕し、豊かな生活を開拓する人々の姿が見てとれる。

## 共感

「やっぱり、一人だと寂しいじゃない」と木工クラブに参加する男性は話す。豊かな生活を手作りする中で、人との関係を深めたいという側面もある。最近、手作りした後もみんなでワイワイ楽しめるものが人気である。学研のＤＩＹ専門誌『ドゥーパ！』の編集部によれば、ピザ窯作り特集は反響が大きかったそうだ。ピザ窯は、作った後に家族や友人みんなでピザやパンを食べられる。手作り品は、親しい人と仲を深めるクッションとしての役割も果たす。

家具作りが趣味の女性は、夫の仕事の都合で物づくりの盛んなアメリカのケンタッキー州に移り住んだ際に、木工作りの基礎を習い、まったくの素人でも家具が作れると知ったのが、ＤＩＹを始めたきっかけだったと話す。日本に帰ってきた現在、自分の手作り品と友人の手作り品とを物々交換して、交流を図っている。その集まりについてどう感じるかについて質問を投げかけてみた。「子育てを終えた主婦達がなにか自分のために始めたのがきっかけでした。私の友人の場合は陶芸や書道、人形、アクセサリー作りなどと色々ですが、物作りの原点としては共通の話題が多く、教えられることも多いです。またそういった輪やコミュニティは自然に拡がっていくものだと思います。」

さらに、団塊世代の生き方に焦点をあてた『ニューフィフティーズ市場を拓く』の中で、五〇代男性が手作りを通して感じたことについて、こう綴っていた。

「人生後半を迎えた今、何を求めたのか自分に問いかけると答の一つに『人との心のふれあいが欲しい』。無機質な都会の暮らしからローカルでもゆっくりと時間が進む場所が恋しい。朝、陽が昇ると起きて、陽が沈むとゆっくりとする。宇宙の法則とも言える生活がしたい。そのためにも、土や芝生の上に木製のテーブルやベンチを自分のサイズに合ったものを自分で作って使用している。また親しい人にも提供して喜んでもらっている。こんなことが大切かなと[4]！」

添えてある写真には、自分の手作りしたテーブルとイスに、奥さんと友人らしき人が仲良さそうに座っている様子が写っている。

中には、家具類など作り尽くしてしまい、家に置くスペースが無くなってしまったため、新しい作品を作っても奥さんに迷惑がられている人もいる。「あなたが死んだら、あなたの作ったものは薪の代わりに火にくべるつもり」と言われた男性は、周りの手作り仲間には理解ある奥さんが多くて羨ましいと寂しそうに本音をもらした。

誰かに認めて欲しい、理解して欲しい、居場所が欲しいと思う感情は、手作りに関わらず誰しも抱く感情である。自分の拠り所となる場所を求めているのである。われわれは身近な世界だけではなく、手作り品に特化した手作り市などのフリーマーケットや、手作り品だけを売る個人間販売サイト、通称、手作りマーケットプレイスなどにおいて、見ず知らずの人との輪を拡げたい思いを抱えている。

手作り市に参加すれば、出店者同士で仲良くなれる可能性が高い。手作り市の出品者は、作り手一人が店番をしていることが多いので人見知りの人でも、隣の出品者からトイレに行く間だけ店番を頼まれたことをきっかけに親しくなることもある。共通の趣味を持っている者同士、波長が合うことも多い。客との会話も楽しい。作品を通し、自分のこだわりを語る中で、客と共感する。手作りマーケットプレイスや手作り市などの手作りを巡るビジネスは、参加者と購入者とで共通する嗜好を共有できる。

人気作家になると、当然ファンが出来てくる。ファンができる作り手は、作品のデザインや品質の良さだけではなく。客への応対が丁寧であるのが特徴である。客とメールでのやりとりを通じて、デザインはそのままで色だけを変えるなど個別の要望に応える。(5) 飼い猫に似せた手作り人形のオーダーメイドを依頼された人がいる。作品を受け取った依頼主は、旅行に飼い猫を連れていけない代わりに人形を持って行った時の、ピラミッドを背景に依頼主の手のひらにちょこんと乗っている人形の写真を作り手に送ってくれた。双方、人間的なふれあいの感覚を求めている。

クラブに参加して、常に仲間と手作り経験の共有している人もいるのだが、たいていの人は、一人で手作りする。だが静かで孤独な作業のうちにも創作にとり組む心と、多くの人がいる外の開けた世界へと送り出したい思いがあり、2つの魂が宿っているのである。

## 個　性

ＤＩＹ教室で講師として指導する山田芳照氏は、ＤＩＹ教室に来る生徒の行動に一〇年の間で変化が生じていると話す。少し前までの生徒たちは手本通りに作ろうとしていたのだが、ここ最近の生徒たちは、基本的なところまでは手本の通りに作り、塗装の色などアレンジの余地がある部分は、周囲を観察して、周りの作品と自分の作品が被らないように意識して作る。生徒が完成した作品を持った集合写真を見ても違いは明らかで、一〇年前のものはみんな同じ作品を抱えているのに対し、最近の写真を見ると一人一人違う色彩で、個性が表れている。

東京大森の町工場で働く職人たちの姿を色彩豊かに描いた小関智弘の『大森界隈職人往来』［二〇〇二］の中で、まったく同じ寸法で同じモノを作っても、作った人によって、言葉で表現できないほどの僅かな差があることを不思議に思うシーンがある。音楽も一緒で、同じ曲を弾いても、弾く人によって音色が異なる。人の手によって生み出す創作物は、深遠さを含む。陶芸家の北大路魯山人は偏屈で虚栄心が強い人物と言われていた。交友関係のあった白洲正子［二〇一三］は、その精神は彼の書に最も表れており、一見見事であるが心に訴えかけるものがなく、陶芸作品に関しては、窯の火が彼の業を中和し、昇華したことで一つの芸術品として完成されたのではないかと鋭く見抜いた。良い面も悪い面も、その人の心すべてが手作り品には映し出される。

プロだけの話ではない。素人の手作りにも個性が表出する。几帳面な人は、丁寧に作業するので、完成品を見ると作り手の几帳面な性格が自然と伝わる。人の作るものは意識しなくても、その人の人柄がにじみ出て、作品は作り手に似てくる。作る方も見る方もそのことについて観察する面白さがある。

一人の芸術家でも、年齢を重ねるにつれ、画風が変わるように、われわれの手作り品も、時間の経過による作風の変化が生じる。例えば、始めは純粋に手作りすることを楽しみながら作っていたが、作品を売ることを覚え、無意識にお小遣いを稼ぐために手作りするようになる。作品の完成度は高まる一方、不思議と自分の邪心が作品に染み付いて、初期の牧歌的な美しさが消えてしまう。

また、手作りする人は、より他人との違いを生み出し、自分の個性を表現しようと、試行錯誤する。珍しい材料やアイディアを活かして、自分らしい作品を追求する。そのようなとき、インターネットが一役買う。インターネットの発展により、地理的な制約を受けずに、ニッチな材料を手に入れられるようになった。近所の手芸店にはないような素材でも、インターネット通販店に行けば発見できる。海外サイトを巧みに活用する人も増えてきている。ネット空間の中には厖大で多様な素材が渦巻いている。素材だけではなく、ブログやYou Tubeなどを通して、様々なアイディアや作り方の工夫に触れ、刺激も受けることにより手作りの幅を拡げることができる。

誰しも自分は平凡な人間だと思いつつも、特別な人間と思いたいものである。手作りをする中で、経験を積み自分の理解や技能が深まれば、他人との差が生まれる。ヒースとポターは、消費社会に反逆するヒッピーやパンクに代表されるカウンターカルチャーも、結局はモノを消費する中で他人と自分との差を表現しただけであり、結果としては、消費社会に取り込まれ、消費を促進しただけだったと考える。(6) 消費の源泉は、相手との差異を求める人間の心と行為であるというわけだ。要するに、人と差別化を図りたい欲求が、人間の行動の原動力となる。手作りする人の深層に触れる普遍的な問題である。同時にわれわれは、個性を外の世界に表現したい願望も併せ持つ。

## 表　現

手作り品が完成したら、幼児のように「見て、見て」と言わんばかりに、誰かに見て欲しくなる。ただし、褒めてもらえることを前提に、である。だから感想を聞く相手も慎重に選ぶ。自己満足するだけでは物足りないのである。

ゴフマンは、人が日常生きている中で演技は切り離せない行為であるとし、演技をする条件に、演技を見てくれる観客を必要とすると指摘した。(7) 観客席に誰もいなければ、演技は成立しないというわけだ。手作り行為でも、観客を必要とする側面がある。最初は身近にいる家族や友人に見せて反応を伺うのだが、もっと多くの人に自分の作品を見せびらかしたいという欲が出てくる。自分の作った作品を広く知ってもらい、認めてもらうことは、自己顕示欲を満たす。

教室やサークル活動での展示会なども重要な表現の舞台である。前出の『ドゥーパ！』誌でも、定期的に開催するＤＩＹ作品コンテストには多数応募が寄せられるという。ＤＩＹをする人は、見せたがる人が多いそうだ。

インターネットの発展によって、ＳＮＳやブログなど、自分を表現する場が拡がった。自身の手作り工程を公開したり、どのような工夫を施したかという自分のお気に入りポイントを書いたり、完成品の写真をアップしたりと様々だ。作品を見て、「すごい」「私もこれが欲しい」「製作工程が参考なった」などのコメントを貰えれば、認めてもらえた嬉しさと、自分が人よりも熟練しており、センスがあるという優越感を味わえる。

有名な一節であるが「メディアはメッセージである」とマクルーハンは指摘した。人々のメディア化はTwitterやブログによる情報発信だけでなく、手作り現象でも言えることだ。何か自分を表現したいという心は人間の根源に触れる。さらに、表現の尖端に、売る行為がある。

今日インターネットや野外イベントなどで、手作り品を販売する人も目立っている。売ることだけが目的ではなく、多くの観客に見てもらうことも出店の重要な動機である。手作り品を出品するということは、売る舞台選びから、自分のプロフィール作成、写真の撮り方、説明文の書き方、梱包方法まで総合的な表現行為である。

## 5 手作りの先に

従来、手作りし終えた完成品は、自分の部屋に飾るなり、人にあげるなり、自分の生活圏内で完結されるものであった。しかし、今日の手作り現象の中で、自分の手作りしたものを自身の手で売るという、新たな世界の拡張という従来の手作り行為にはない新奇なふるまいが見られるようになっている。

## ❖手作り舞台の拡張

よく人生は舞台である言われる。人々が主人公として舞台に立つ場所も多様化してきている。自分の手作り品を売ることは、その店の店主の気分にもなれるし、手作り作品を創造した芸術家の気分にもなれる。自分の力を主体的に発揮する場を掴み取り、多面的な顔を持つ主人公になれるのである。

インターネット空間で売る舞台も拡大している。個人がネットで売るとなると、「ヤフオク」を想起するが、それ以外にも様々に売る手段がある。手作り品販売サイト、いわゆる手作りマーケットプレイスといわれるサイトも色々ある。

「Etsy（エッツィー）」は、手工芸用の部品やヴィンテージ品を含む手作り作品限定のオークションサイトだ。「eBay（イーベイ）」が規模拡大にともない手作りマーケットの顧客に対応できなくなっている点に目をつけ、二〇〇五年に手作りに特化したコミュニティのプラットフォーム、Etsyを創り上げた。Etsyの顧問は、普通の人々が主役となる潮流を説く。「デジタル機器に囲まれて育った人ほど、買い物に意味や物語性を求める傾向が強い。商品の作り手を知り、やる取りすることに買い物以上の満足があると、多くの人が気付き始めている。[8]」物語性を求める面は、日本の人々にも共通する。

インターネットの発展により、海外で売る障壁が低くなった。事実、Etsyで居所を日本とする作家が出品する商品は約一万点である。[9]海外サイトでの販売は、説明文とメールでのやりとりが英語であるため、語学力が問われる。だが、運営側が日本語で出品手順を載せるなど、日本人が利用しやすい環境にはなりつつある。グローバルな市場に飛び込めば、多くの作り手と勝負する機会を獲られ、成長する機会でもある。

日本でもアメリカのEtsyに追随する多数のサイトが登場してきている。他にも簡単な操作で自分のオンラインショップを無料開設できるサービスも登場してきている。

売る空間はネットに限らない。ボックスや棚などの店舗内の展示スペースを月単位で借りて、手作り作品を展示・販売できる場も現れている。レンタルボックス専門店もあれば、東急ハンズのように、店舗内の一部をレンタルスペースとして設けている場合もある。

最近、手作り市が人気だそうだ。昔から、バザーなどで手作り品は売られていたが、手作り市は手作りされたモノに特化したフリーマーケットというとイメージしやすいだろう。東京や京都、大阪など、様々な街で開催されている野外フリーマーケットイベントだ。手作りの木工作品、せっけん、裂き織物、革製品、アクセサリーなど様々な手作り作品が販売されている。

手作り市の始まりは、一九八七年に素人が創った手づくりの作品を発表する場を設けるために青空個展を開こうと、京都市左京区の百万遍知恩寺境内で行われたのが始まりとされている。主催者の一人が百貨店で手作りの小物を販売したのだが、規制が多く不満に思い、自分達で手作り品を売る場を作ろうとしたのがきっかけであった。当初の参加者は六、七名だったのが、五年後には五〇名を超える応募があり、東京など他の土地にも手作り市が徐々に普及していく。現在に至っては申し込み者が多く抽選を行うほど人気のイベントである。来場者数については、場所によるのだが、多いところだと一日一万人を超える。[10]

さらに大きな舞台を求めて、出品者一〇〇人規模の㈳日本ホビー協会が主催する日本ホビーショーや、手作りマーケットプレイスが主催するショーなどに参加する人もいる。自分が店主となって、客に直接売る。対面での販売は、自分の手作り品への評価や、感触が直に伝わる。自分の力量を試す挑戦でもある。

売る舞台が現実空間でもネット空間でも増幅していることは、われわれに多様な選択肢があることを意味する。その場で売る以上の拡がりも見せている。スマホスタンドを作っている日本人が、Etsy に載せた作品を見たアメリカの雑貨店から、数百個単位で注文を受けた。[11]売る舞台を国内から、海外へと拡大し、可能性を拡げている人々もあらわれてきている。さらに、日本でも手作り市をきっかけに実店舗を構える人や、百貨店からオファーが来て百貨店に自分の手作り品を卸すようになった店も少なくないという。本腰を入れて、プロの作家としての道を切りひらく人は少数ではあるが、確実に表れてきている。実店舗を構えるプロが手作り市や手作りマーケットプレイスに出品することも珍しいことではない。素人と玄人との境界線があいまいになってきている。その分、副業の可能性が拡がってきている。

新しい世界へのワクワクを求めた挑戦である。今いる世界から抜け出して、違う世界に飛び込みたいという願望は誰しも持っているだろう。人々は豊かな世界を求め、構築している。

## ❖ 舞台の選び方

これだけの多彩な売る舞台が揃えば、どこで売ろうか迷う。計算も働けば、自分の好み、ライフスタイルも重ねあわせて考える。判断材料となる項目の一つは、出品料である。せっかく売るなら、足が出ないようにしたい。加えて、客が集まるかどうかも懸念の材料である。出品料に負担が掛かり過ぎず、集客力のあるバランスのとれた売りやすい場に出店したい。

出品料について具体的な数字で見ていくと、手作り市の場合は、広さにもよるのだが、一ブース二×二m程度で場所代三、〇〇〇円前後が平均な出品料だ。手作りレンタルボックスの利用料も、面積によって異なるのだが、平均値としては約三、〇〇〇〜五、〇〇〇円だ。人目を惹く位置にあるボックスや飾れるスペースが広いボックスの使用料は、一万円近くかかることもある。月額テナント料に加え、別途販売手数料を取る店舗もある。この二者を比較すると、手作り市は、自分が店番をするので直接客と近い距離でやりとりができる。客が会話のノリで買ってくれる類のことも起こりやすい。ただし、一日拘束される上に、自分の作品に見向きもしない人に出くわし傷つくことも起こり得るし、野外で開催されることがほとんどなので、夏や冬の季節はそれなりの覚悟が必要である。レンタルボックスの方が長期間出品できるので割安感がある。販売面積の狭いところを選べば少しの品数でもみすぼらしくならない。だが、客と直接のやりとりも出来ないし、場所も目立つところ、つまり高い賃料のボックスでないと、客に気付いてもらえない可能性が高い。

手作り市やレンタルボックスは現実の空間という制約があるが、ネット空間で売ると、客が全国区に拡がる。手作りマーケットプレイスは、サイトによって月額料、販売手数料共にタダのところもあるのだが月額料無料で、販売手数料は約五〜二五%徴収するケースが多い。売れない間も手数料がかからないので心理的な負担感が少ない。手作り作品が好きな人が集まるサイトなので、気に入ってくれる人と出会う確率は高い。

ヤフオクで売る場合は、月額四一〇円に加えて、売買が成立したら、約五%の手数料を払う。売れても売れなくても、月額料がかかる点はネックである。しかし、手作りジャンル以外のモノも売っているヤフオク出品常連者であるなら、使い慣れたサービスな上、せっかく月額料を払っているのだから、手作り品もヤフオクで売って月額料を取り戻したい気持ちが働く。ヤフオクの方が手作りマーケットプレイスよりも、世間一般的に認知度は高い。オークション形式で出品すれば、想像以上に高額で落札されることもある。

われわれは、現実世界からネット世界までを横断して、出品を吟味する。手作り市に興味はあるけど、近所では開催されておらず、一日中外で店番するのは疲れるので、地理的な制約を受けないネットで売ろうと思う人も出てくる。逆に、ネットでの出品は複雑に感じ、個人情報流出の心配もあるから、客とも触れ合える素朴な手作り市の方が性に合っていると感じる人もいる。沢山売るためにネット空間と現実空間の両方に出品することも起きる。

人々は、出品中の作品を売りきるための努力をする。ブログやツイッターで宣伝を兼ねて、製作工程を公開し、ファン作りに勤しむ。また、手作り市やレンタルボックスでは、ブースの脇に名刺が置いてあり、メールでオーダーメイドの注文を受けている人も多い。手作りマーケットプレイスでも、オーダーメイドを受け付けるためのメールフォームシステムを備えているところがほとんどである。その場で直接利益に繋がらなくとも、出品費は宣伝費と考えている人もいるだろう。

手作り市やレンタルボックスに足を運び、値札を見てみると、全体的に割高の印象であった。手作り市に遊びに来た人は「見る分には楽しいけど、値段がねぇ…あなたが作ったんでしょって思っちゃう」と正直な感想を話した。材料費に加え、手作り市に行くまでの交通費と、出店手数料のことを加味すると、作品の販売価格を高くしないと赤字である。元々安売りすれば、飛ぶように売れるという性質のものでもない。気に入ってもらえる人には、少々強気の値段でも買ってくれる。

価格設定について手作り市に出店している売り手何人かに話しを聞いてみたところ、厳密な利益計算をしている意見は出なかった。それでも、何個売れたら、参加費の元は取れるなど、大まかな計算をしているだろう。口では、客との会話のために参加していると言っているが、せっかくなら儲けたい、赤字にはしたくないという矛盾したたしたたかな側面がちらつく。

しかし、抜け目ない金の計算だけが手作り品を売る動機のすべてを説明するわけではない。金の計算を超えた意識とふるまいもある。手作り行為に取り組む情緒的な側面について、次項で議論していく。

## 誇りを求めて

普通のフリーマーケットでは、値切りが当然のように行われる。大体が自分の要らないモノを処分する気持ちなので、値切られても傷つかない。むしろ、安くしても良いからすべて売りきりたい。

しかし、手作り市の場合だと様子が違う。安売りや値下げをしたがらないのである。筆者が手作り市に行った際、ある手作り品に目がとまったのだが、割高だと思ったので、少しまけてくれないか頼んでみると、「お客さんによっては、手間ひまかけて作ったのに、こんな（安い）値段で良いのかと言ってくる人もいますけど」と、ムッとされたことがあった。作り手のプライドを傷つけてしまったようだ。作り手自身の値段設定は自己評価を反映している。それだけの価値のあるものを作っているという自負がある。

時には、話が盛り上がった末に買ったり、同じ人から大量に買ったりすると、別の手作り品をおまけとしてプレゼントしてくれる人もいた。しかし、安く売るという行動はほとんど見なかった。もし、安くしてくれたとしても、手作り市が終わりそうな時間になり、作り手にとってさほど思い入れもない売れ残り品なら、安売りするという限定的な場面においてであった。

ネットオークションでの手作り品販売に関しても、オークション開始価格を安くして多くの人の興味を惹きつけて売る戦法をとるケースはほとんど見られなかった。せっかく手間ひまかけて丁寧に作ったものが、最低価格のまま落札された場合を恐れる。自分の作ったモノの価値は、自分で決めたいという意思が反映されている。

手作り品は自分の分身のような気がする。自分の作品を売った後も、今頃アレはどこに飾られているのだろうかと思い出すこともある。思い入れがあるため、客に値切りを要求されることや、自ら安売りすることは自分自身を否定することに通じる。なかなか売れないときも寂しい気持ちになる。自分の作品が受け入れてもらえない現実を受け入れられないので、自分の手作り品の良さを分かってくれる人がたまたま居なかったと自己正当化に走り、分かる人だけ買ってくれれば良いという割り切りも生まれてくる。

すでに触れたが、手作りマーケットプレイスや手作り市を通して、自分の作品のリピーターやファンができるケースも珍しくない。手作り市で人気の店は、行列ができ一日で数十万売り上げる店もあるくらいだ。一方、その隣で行列を羨ましそうに見つめている出品者もいる。誰しも人気者になれるわけではなく、競争がある。その分、売れるときの感動は大きい。数ある手作り品の中で選んでもらえた喜びである。手作り品を人に見せて褒められるだけでも嬉しいのだが、他人が身銭を切ってまで欲しがってくれた方が、達成感を味わえる。手作り品を売ることは、価値あるこだわりのモノを作れる職人のような私、ライバルがいる中で自分の作品を売る商才のある私、ファンができる人気者な私など、自分の中に宿っている多面的な自尊心を満たしてくれる。

# 6 リテラシーとエディターシップ

## 選択肢の多様性

今、「妖怪ウォッチ」が社会現象になっている。関連品であるコインの形をしたおもちゃは、常に売り切れ状態なほど人気である。妖怪メダルの遊び方は、コレクションして遊ぶほかに、別売りのおもちゃと連動させたり、メダルの裏にあるQRコードを3DSゲームに取り込んでメダルの種類に応じた妖怪やアイテムが手に入れられたり、ゲームセンターにあるゲーム機にメダルを読み込ませると無料でゲームができたりなど、メダルさえ持っていれば、多彩な方法で遊べる。メダルは、ハブ&スポークのように、多様な遊び方にアクセスするための拠点としての機能をもっている。現代のアクセスを重視する価値観が反映された新しいタイプのおもちゃであろう。

現代の社会は、モノの所有からモノや情報へアクセスする経験へと転換していると指摘したのはジェレミー・リフキンである。[12] どれだけモノを持っているかよりも、どれだけアクセス権を持っているのかということが、このようなところにまで重要となっている。

多彩なアクセスが可能になる構図を、手作り現象も併せ持つ。手作りする能力さえあれば、作った完成品を、自分の家に飾る、友人にプレゼントする、手作り市やオークションで他人に売るなど、豊かな経験をともなう多様なアクセス先がある。手作り品は、放射線状に拡がる多くの選択肢の拠点となるのである。

センは、個人の優位性とは、実際の暮らしの中でどれだけ選択を組み合わせる機会があるかどうかであると説いた。[13] 多様な選択肢があることと、その中から選べる自由があることが重要なのである。あえてその選択をしているのと、その選択しかないのとでは大違いである。今の世の中で、手作りしなくては生きていけない場面はそう多くない。安くてそれなりに品質の良い既製品は簡単に手に入る。われわれは、あえて手作りすることに充足感を得る。

## 調理法

よく料理が上手い人は頭が良いと言われる。何を作るか考え、材料を吟味し、段取り良く仕事し、美しく盛り付ける。自分で作った料理が美味しいと感じる利己的な喜びと、誰かが美味しいと嬉しがる姿を見ることの利他的な喜びが同時に味わえる。

手作り行為と共通する点がある。アイディアを固めるために情報収集し、デザインを決め、材料の入手先を探し、材料を仕入れ、加工し、完成した手作り品を生活の中でどう活用しようか決めるという一連の流れは、判断の連続である。判断の仕方は、その人の固有の価値観を映しだしている。材料の購入方法にも、その一端があらわれる。インターネットで買う方が品ぞろえも豊富で安いのだが、感じの良い店員がいるあの馴染み店で取り寄せようと考える場合、その人にとっては便宜よりも人間の情緒的なふれあいを大切にしていることが分かる。売るとなると、良い手作り品を作る創作の能力だけではなく、売り出すプロデュースの能力も必要とされる。常に、自分の生活や価値観との調和の中で考える。手作り行為の根底には、リテラシーとエディターシップが流れている。人々は、自分のライフスタイルに合わせ、様々な材料や環境を自分流にコラージュして生きている。

## 7 おわりに

手作りする人々の意識と行為を明らかにすることで得られた理解はモノを買う、サービスを受けるなど従来の受動的な消費者像から、能動的な消費者像への転換である。かつて、アルビン・トフラーが生産と消費を同時に行う人々のふるまいをプロシューマーと提起した[14]。現代の人々の行動には、消費し生産するプロシューマーの側面だけではなく、販売する行為も加わっている。

そもそも、手作りする人にとっての消費行為はどのようなものなのかについて究明すべきことはまだある。自らモノを創造することと、既製品を買うこととは対極に位置するように思える。ところが手作り行為は、道具を買ったり、手作り品を売るときに出店権利を企業から買ったりと、消費構造と結びつきながら展開している。しかし、手作りしている人々は、そのことについて矛盾と感じていない。消費者として生きている訳でも、プロシューマーとして生きている訳でもなく、一人の人間として生きているからである。素直に自分が面白いと思っていることを暮らしの中に取り入れているというわけだ。手作りする人々は、自己の豊かな感覚や世界を育て、生活を組み立てている。

世界的に手作りの可能性が拡がってきている。従来の趣味としての手作りの枠を超える現象と、それを支える技術革新が起きているのだ。３Ｄプリンターは、そのアイコンである。パソコンの登場が世界に革新をもたらしたように、３Ｄプリンターは世界に衝撃を与えた。作り方の幅が拡がっただけでなく、生き方の幅も拡がった。３Ｄプリンターは万能おもちゃである。世界的に人々の手作り行為は奥行のあるものへと変化してきている。現在の日本での３Ｄプリンターを核とする手作り現象については、実際のところ、アンダーソンが紹介するようなアメリカのＤＩＹ現象ほどダイナミックな動きは見せていないのだが⑮、日本で今後どのような展開を見せるかは興味深い。

## 注

(1) チクセントミハイ［一九九六］。
(2) アンダーソン［二〇一二］。
(3) 本章は、日本における手作り行為の究明を目的とし、アメリカの手作り行為との比較を試みるものではない。アメリカの手作り行為については、アンダーソン［二〇一二］、フローエンフェルダー［二〇一二］、ガーシェンフェルド［二〇一二］、ハッチ［二〇一四］を参照されたい。
(4) 日本経済新聞社日経産業消費研究所編［二〇〇〇］五七頁。
(5) 『日経流通新聞』二〇一三年一月一日。
(6) ヒース&ポター［二〇一四］。
(7) ゴッフマン［一九七四］。
(8) 『日経MJ』二〇一三年一一月二七日。
(9) 『日経流通新聞』二〇一三年一月一日。
(10) 『日本経済新聞』二〇一四年四月二八日。
(11) 『日経流通新聞』二〇一三年一月一日。
(12) リフキン［二〇〇一］。
(13) セン［二〇一一］。
(14) トフラー［一九八二］。
(15) アンダーソン［二〇一二］。

# 第7章 見ることの生活

## ―その娯楽と実利―

# 1 はじめに

わが国の大衆の生活において、見ることは共通感覚の世界観を創り上げ大衆文化の基盤となってきた。他方において、見ることは娯楽であり実利であるという混沌とした、しかし大衆の情熱とエネルギーがむけられることがらでもあった。

明治以降の消費社会への発展のなかで、見るものが次々と生み出され、情報であれ娯楽であれ、見ること自体が生活の大きな領域となり、しかも、対価なしに享受できる部分が拡大して、生活の豊かさを創るようになったのである。

テレビを起点に、見ることはバーチャル世界を生活に採り入れることとなり、特にインターネットは多種多様なサイトからなる情報の世界であり深く、広い知の源泉となるとともに、また楽しみを生活時間にもたらしている。そのほとんどが無料ということが、ここでの見ることを生活に結び付ける上で大きな可能性を開いた。

実体の世界でも都市空間における商業施設からイベントまで、公共空間における工事現場から廃墟まで、変化と新奇の見る経験は拡がっている。そこに、テレビ、ＣＭも含め、インターネットなどの情報と映像のテクノロジーの世界が加わり、われわれには、重層化したタダミの生活の可能性が生まれている。しかし、これは膨大な見るものの断片を自分の生活に沿ってまとめあげることでもあり、それらの情報の意味と価値を解読し、かつ編集するという新しい生活術を創りだすことが求められているのである。

# 2 見ることの伝統

## 大衆文化と共視

見ることは、大衆の生活において大きな部分を占める。大衆が世の中に向かい合って生きていく上でも楽しみを味わうためにも、必要なことのほとんどは、見ることから始まり、また見ることとそれ自体といってよい。

そもそも、生活することは世の中でのことがらであり、個人で生きるということも実際は、その時代に世間の人々とともに生きるということである。要するに、人々と思考や感覚を共有し、同じような振る舞いをするということが、大衆の生活の基本となっているのである。大衆の生活の基底にある思考や振る舞いにおいてのかたちが大衆文化である。人は様々であるという考えは誰もが持つものであるが、核になる大衆文化があるがゆえに、この国の人としての安心感や存在感を保つことが出来る。大衆文化は人々に社会心理学でアイデンティティといわれるものを生みだすのである。

このような大衆文化というものの中核に、食の文化があるということは大方の理解であろう。わが国で、神への捧げものを皆が分かち合ってともに食べることは、直会《なおらい》といわれ、その延長に親しいものが一緒に食事する共食という習わしがあると解される。卑近にはいわゆる同じ釜の飯を食うということであろうが、同じ時代に同じ食文化を共有するという拡がりをもって文化を創るものである。

わが国の大衆文化が形成されているもう一つの基盤として、見るという行動があるように考えられる。わが国での母子の一体的関係が創られる上で、共に一緒のものを眺めるということが重要な役割を果たしていることを指摘した精神科医の北山修［二〇〇五］は、これに共視という言葉をあてた。かつてアメリカの発達心理学者ダニエル・スターン［一九八九］は、母親と幼児が向かい合って心を通わせ、親密で同調的な世界を創り上げることを〝情動調律〟として巧みにとらえたが、北山はわが国でそこに共に視るということの意義を唱えたのである。

この共視ということは、母子関係に限らず昔から人々に一体感を生み出すための基本となってきたと考えられる。共に視ることを通じて共に感じ、喜び、恐れることは、広くわが国においての大衆の文化の基盤を創ってきたように思われる。

そもそも、生活において見るということは、客観的な能力と違った次元の行動であり能力である。これは、生きるということの実現や充実に係る能力である。人々は事柄の客観性を退けようとしているわけではない。しかし、思ったように考え理解することの必要性も心得ているのである。アメリカのある心理学者が、一人の人物のプロフィールを想像させる実験で、基本データだけを与えた場合に、客観的理解はいかなるものか知っているはずの被験者たちが、固定観念をそのまま当てはめてしまうことについて、不思議で理解できない、と述べている。だが、この世界に生きる人には、固定観念を持って臨むことも大切な一コマなのである。人々はそれぞれの見方や見え方を生活のようすがとしている。文化人類学者中野紀和は、ある島の調査について、現代の生活において地元の人々に水神がみえる、見てとるということを語ってくれた。生活において共に見るということの意味の深さを示すものである。大森荘蔵なら人は合理の世界と不合理の世界を重ね描きして生きるのだというであろうか。

他方で、われわれは、生活において、見ることを生きることの美学とも結び付けてきた。見目好いは、人の形容として直接的な美的感覚への志向であるが、潔さは桜の花びらの散ることによって生き方の美学となり、その反対に、見苦しいという直接的な言葉もある。これは生活の美学的能力というべきものである。倫理観に近い感覚として、目は心の窓、目が濁っている、あるいは、見ることの変奏としての、夢を見る、という言い方も日常にある。生活においての、行為、時間、空間のあらゆる局面において、われわれは豊かに見る力を創ってきている。

いずれにせよ、見るということは、とりわけ日本の生活に根付いた伝統であろう。われわれは本来すべてを身体的、五感的に掴み取りながら生きているが、見るということはその中核であった。その感性は、平安貴族の時代の和歌から現代のサラリーマン引退者の俳句まで、連続するものである。自然の中に自己を感じとる方法である。自然観照によって、世界と自分を理解するとともに、自分の生きている意味そのものを紡ぎだすのである。それが読む者に共視感覚を生み出し、この世界にともに生きるというアイデンティーを生み出してもいたのである。

しかし、大衆にとっての見るということは、自然と生活という観念でとらえきれない側面を持つ。見るということは、生活においてもっとも基本的であり且多面的な方面において行われることがらである。生活の基本を衣食住というが、それを手に入れるのも享受するのも、生身の人々が見るということが中心にある。単純化すれば、日常において情報を得たり楽しんだりする共視であるが、そのような要約を拒む奥行と多彩がある。見ることに宿る人間の混沌と矛盾の享受、それが生きていることそのものなのであろう。

少し前の刊行であるが、『芸術新潮』の「日本の伝統」という特集がこれを見事に要約している。日本人の感性が生活に流れ込んできた歴史を見事に描いているが、考えるとそこに示されているのは、われわれが世界をどのように見てきたかという見え方と見方の伝統である。

先ず、火、水、山、木、岩石、さらには風といったものの中に、この世界を直接感じ取り掴むということが生活と重ね合わせられてきたことがわかる。火の粉を浴びる火祭りにおいて、滝に打たれることにおいて、身体的な行為はあるが、これは見るもののリアリティを感じる行為であったといえるであろう。見えるものは、われわれがそれとともにあるという形で世界となる。したがって、この世界にあるものはそのままに肯定され、新しいものも好奇心をもって世界のメニューに追加される。見ることの世界認識ということは、日常生活の方法ともなった。その流れとして、白木信仰としての檜の風呂、白木の米櫃から削りだしの箸まで、紙への執着、自然への同化志向としての使い込んで黒の生地が見える漆器と不均整な陶磁器、盆栽のごとき小さきモノの追求や信じがたい労力の手まりや簪《かんざし》といった細工への偏愛、絵解きや絵巻が繰り広げられ、それが今日の生活の感性と美学に連続していることが示される。

だが、この特集号は同時に、こうした全てを自然なものとし受容する姿勢の延長として、全てを融通無碍に受け入れ折衷させるという今日に続くもう一つの伝統が形成されてきたこともしっかりと押さえている。衣服においてのバサラや歌舞伎者《かぶきもの》の伝統や岡本太郎が称揚した縄文土器から茶器までのディフォルメへの好み、3Dによって復元されるようになった安土城にはっきりと表れるような建築においての和洋のまったく異なる様式の結合への志向という逸脱的な面白さの感覚である。日本の文化のエネルギーにあふれた側面があるということだ。これも、大衆文化の見ることに認められるもう一つの共通感覚なのである。(1)

## ●見ることの混沌

われわれがすべてをこの国において共に見てきた。見るということは、身近な生活においてもっとも基本的であり且多面的な方面において行われることがらである。生活の基本を衣食住というが、それを手に入れるのも享受するのも、人々が見るということが中心にある。視という字をあてるか見という字を用いるかは別として、情報を得ることと楽しみにおいて見てきたのであるが、そのような区別を拒む奥行と多彩さのある行動である。われわれが見ることの根底には好奇心と情熱があり、それが見ることに人間の混沌と矛盾の享受につながる奥行と拡がりを与え、生きていることのリアリティを創りだすのであろう。

大衆が見るということは、いわばバロック的なダイナミズムを有するものであった。生活のなかで大衆は見るもの自体を創りだし見ることに精魂を傾けた。見なくては始まらない。われわれは、元来、見ること自体が好きで、何かを見るということに生生しい情熱をもっていたことは、川添裕［二〇〇〇］の労作、『江戸の見世物』によく描き出されている。見世物として、文政年間のラクダの巡業、七、八メートルにも及ぼうとする関羽の籠細工の坐像、など新奇で異様なものが引きも切らず、江戸後期に曲芸・演芸、動物、人間、細工で二四三興行があり、当たり興行は日に五、〇〇〇人を動員したという。見世物に対する木戸銭は今でいうと千円くらいであるが、人気の見世物になると、数万円にも及んだ。そこに集まる人々の情熱は、新奇なモノへの好奇心、流行追従によるものであった。いわゆる見世物だけではない。吉原の傾城、耳目を欹てる事件が浮世絵として日常生活に入り込み、隅田川向島の桜見物も大衆のものであった。江戸隅田川においては、五月末の川開きから三か月間、屋形船一〇〇艘などが浮かび、花火舟が花火を毎晩打ち上げるという納涼風景があり、世界でそのようなところはなかったという(2)。見世物や観劇とあれば何時間も歩くことを厭わなかった、人々の見る情熱は全身を使って見るということであった。

見ることは、物見遊山と結び付き、お伊勢参りで見ると、人口三、〇〇〇万程度の江戸時代に年間平均四〇万人を動員した時期もあったことが記録されている。川添氏は、それを、大衆の〝押しとどめようのない〝想像力の渦巻〟〟という言葉に要約するとともに、見世物において信心と遊楽の一体性を指摘する。見るということのこのような意味合いの混沌そのものが、大衆が見るということに情熱を傾けた所以である。兼好法師による徒然草の寺参りの一節は、山までは見ず、と人の物見遊山の流れに逆らって本尊をおがみそこねた失敗譚である。鎌倉時代にすでに人々の信仰が物見遊山を兼ねていたことを背景とした一節であるが、今日の修学旅行やいわゆる視察旅行へと連綿とつづく混沌である。

# 3 変化を見ること

## 見ることの創出

その娯楽や快としての見ることに向けるエネルギーは、明治に入ってさらに多方面に向かうことになった。何かを熱心に見ようとするのはおおむね、未知のものの見聞・体験を求めるということであった。歌川芳藤の明治一五年の浮世絵というより赤絵、「開化旧弊興廃くらべ」はあまりに有名だが、唐傘が洋傘に、錦絵は写真に、飛脚は郵便にと身の回りのものがことごとく新奇なものに投げ飛ばされて入れ替わっていったことを、戯画として、しかし実感を込めて描いている。明治という西洋化はさらに、都市という新しい生活舞台の出現とその止むことのない変化を伴って、空間的な広がりをもって見ることをなおさらに肥大させた。変化のゆっくりした地方からは都市は常に新しい物事の発生の場であり、田舎と変貌する都会の落差はがどれほど大きいものであったかは、明治のお雇い外国人モースが一八八〇年代から九〇年代に記録した馬子も残る牧歌的な田舎と、人力車に示される新奇の西洋的世界の創出にむかった東京の写真に、はっきり示されている(3)。

地方の人々にとって、西洋化の時代において、見ることのエネルギーのはけ口は都市のものをみるということであり、練馬の住民が、建物はロンドン、通りはパリを模模したという銀座の見物に来て井戸に落ちるという珍事も新聞記事に残されているが、おそらく三、四時間も歩いてくるという情熱と好奇心がはかられる。

森鴎外が我が国の近代化の様相を小説のタイトル『普請中』という比喩によってとらえたのは、明治末期のことであったが、都市部自体の変化は明治から昭和へとさらに加速した。それは浅草のような盛り場などにもよく表れた。浅草寺と見世物の結び付きは、江戸時代の浅草奥山の見世物が大衆をひきつけるところから始まったが、このような古い街が、西洋化の新奇性を追求する場所となり、明治二三年に日本最初のエレベーターを設えた西洋風の奇想建築というべき浅草十二階さらに、演芸に加えての映画という見世物へと技術進歩を反映させながら変化する。

こうしたわが国の近代の発展のうちに、見世物は大衆のライフスタイルという概念を伴いながら、欲望の対象として多様化し肥大化するとともに生活の一コマになっていく。大正期以降、大衆にサラリーマン層が台頭してくると、阪急電鉄の創業者小林一三は、郊外生活に見ることの楽しみを組み込んで今日の大衆の生活の形をつくりだした。動物園、スポーツイベント場、西洋風パラダイス、レヴュー、百貨店、映画街と、近代的な枠組みで、それまでになかった新しいタイプの見世物世界を生活に組み込み、これが大都市のスプロール化の中で成長する大衆の生活の基調を創りだした。大衆の生活の発展とは、様々に新しく生まれてくるものを見る楽しみを享受することであった。

## 流行を見る

変化が新しいものを生み出すということは、その前に生まれたものが消えていく新陳代謝でもある。これを大衆の好奇心や情熱の対象の変化としてみると、流行が入れ替わるということになる。つまり、社会の発展とは変化、新奇が生みだされ、それが流行として受容されるということである。大衆が消費するとは、何かを購入するということによって流行を見ること、追うことであった(4)。

近江商人の西川が箱根の木立の木漏れ日に着想をえて鮮やかに緑に染め上げた蚊帳が流行にな

って繁盛したというエピソードがあるように、新奇なものが流行として消費を生み出すということは江戸からみられたことではあるが、明治以降、何よりも新奇なものを見せて流行らせるということは企業のマーケティングの基調となり消費を創りだす源泉となった。

大衆がものと接触する場としての小売業自体が、先ず新奇なものを楽しむ場所として登場する。明治において勧工場《かんこうば》が客を集めたのは、店と商品の新奇性の魅力であり、女子店員のいる新しい店頭風景を見るということであった。明治末においての最初の百貨店三越も、揃えられた百貨を見る、商品を手に取って見る、ルネッサンス式の建物を見る、エレベーターという近代技術を見る、音楽隊を見る、ということであったが、同時に、元禄様式を衣服装飾に再現したり、展示において名人の生き人形も用いたりするという、大衆の伝統的な感性に応える混淆をみせることによって、大衆の情熱を引き受けたのである。

その後も小売業は経済環境の変化や競争の下で新しい店舗を生み出したが、大衆にとって、新しい見ものの繰り出しであり、新しく見る、ということが店に行く動機となったのである。小売業の盛衰は、大衆には、小売業の流行史でもあった。第二次世界大戦前においてウィンドーショッピングという言葉が生み出されていたように、消費の舞台の発展と変化は、大衆の生活の無料で見る時間と空間をもたらしたのであり、それが今日の小売業におけるショピングセンターにおいての工夫につながっているといえるだろう。第二次世界大戦前にイギリス大使夫人が、なぜこうも日本人は百貨店にいくのが好きなのであろうかと述懐しているが、それは百貨店が常に流行を刷新して変化し続けていたということの証左である。

## ❖高度大衆消費社会を見る

このような意味で、流行のめまぐるしい交代でもあった高度大衆社会は、大衆の見る娯楽の世界であった。高度大衆消費社会という言葉は、アメリカの経済成長論の草分け、W・W・ロストウが創りだした言葉のようであるが、日本の昭和三〇年代はまさに大衆がこのような消費を生み出した時代であった。しかし、大衆は単純に消費したわけではない。生活において消費することは、生活自体にそれまでとは比較にならない見ることの大きく多様な価値を生み出したのである。膨大な商品を見ることは新技術、機能、品質ということを学ぶことであった。

明治から、洋風化として始まった新たな世界は、第二次世界大戦後、ますます多くのモノを巻き込んで膨張し、見ることは生活におりこまれることになる。昭和三〇年代はそれが臨界点に達した時代であった。それまで、味噌や醤油は酒屋での量り売りが普通であり、パンやケーキも間口一、二間の雑貨屋で買うことが普通であった。それが、突然に刷新された。商品には機械化された工場が大量生産を行うという以上の変化が生まれた。電子技術、プラスチック技術という新技術が新奇商品を次々と生み出す。たとえば昭和三三年に安藤百福が発売したインスタントのチキンラーメンからその十年後のカップヌードルまで、そこには常温保存という方法からプラスチックの包装、容器の発泡スチロールまでの新技術を目の当たりにすることであった。安藤は、これが生活のものとして市場を創りえたのは、さらに、テレビ広告が可能となったこととスーパーという売り場が出現したからであると振り返っている。

実際、テレビで商品の広告を見ることによってブランドを知った大衆は、店の棚から店員なしに自分で様々な商品を選び出すことができるようになり、これが、セルフサービスというスーパーを台頭させた。テレビＣＭはブランド商品のお披露目であり、巨大なスーパーの棚はその舞台であった。スーパーの集客は単に低価格というだけでなく、見る場所としての力のためでもあった。そもそも、セルフサービスで多様な商品を眺めて選択できるということ自体が新奇性を持ったのであり、また、スーパーとはスーと出てパーと消える商売であるという揶揄があったということは、スーパーの集客に流行としての力も宿っていたということを意味する。

変化はスーパーに並ぶ商品ばかりではない。商品も、フォードやキャデラックに代わってブルーバードやクラウンといった国産車が街を走るようになり、テレビが買われて様々なミュージシャンを見ることも出来るようになった。さらに、高度成長期には、アジア大会やオリンピック、さらに万国博などがあって、プラネタリウムの出現など、大普請の時代であった。大衆には見る材料が際限なくあらわれた。昭和四〇年代には余暇ということばが広まり、生活において新しい時間が誕生し、それとともにレンタカーや代行などのサービスというものが生まれた。

つまり、高度大衆消費時代において、直接に何か買うかどうかとは別に、新奇性に驚く、品質とはどのようなことか、値段とはどのようものか、機能とはどのようなものか、広告とはなんであるか、技術とはどのようなものか、ということを知るというや刺激と流行の快楽を日常の生活に埋め込むようになったのである。生活において見るということは、買うとか消費するということの直接の範囲を超えて時間を満たす新しい要素、新しい価値領域として広がってきたのである。

テレビは、大衆の生活においての見るということの実際と意味合いを大きく塗り替えた。見るということが、自分の場所、空間においてまかなえるということが生まれた。これは、特に個室が普及し始めると、退行という生活感覚とも結びつくことになる。

さらに、ビデオが出現して、その瞬間でなく記録によって出来事を見るということが出来るようになった。野球の試合は球場にいかなくてもテレビでリアルにわかり、その時に見られなくても録画で見られる。レンタルの音楽・映像も見るということを自分の手元に引き寄せることを可能にした。見ることは、パーソナルであるとともに、バーチャルなものとなってきたのである。

同時に、テレビを見るということはますます多くの生活時間を吸収しながら、生活時間のなかでの見ることのコストを劇的に下げることになった。大衆は自分の家という拠点からタダで何かをみるということをし始めたのである。一九七〇年代初めにビデオ装置の市場獲得において日本ビクターがソニーを圧したのは、その装置がテレビ番組であった日曜洋画劇場の映画録画が可能な二時間録画の機能を持っていたからであるといわれている。商業放送はコマーシャル料金という形で行われていたから、CM提供企業はそれを商品価格に含めてはいたが、少なくとも大衆が直接対価を払って何かを見ているという意識はなかった。

このようにして、高度成長期に至って、大衆は何かを買うという直接の対価を支払うことと関係なく見るということ、見ることにおいて消費とつながらない残余をタダとして生活の価値として生かす傾向を強めたのである。だが、ここでタダで提供されるものは、自分が望んだものではない。端的に言えば、人びとが受け入れるのは妥協の産物であった。それが大きく変わるのが二〇世紀末においてのインターネットである。

# ④ 実利を見る

## ❖見る力

他方、生活において見るということは、本来、娯楽や快楽と異なる次元をもっている。大衆にとって、見ることは、元来、生きる上での手段でもあった。われわれの生活の実利や便益も見ることによって成り立っている。実際、見るということ自体が物事を理解することのメタファーとなっているのである。

これについては、見るということについての様々な言い方によく表れている。足元を見ることと、遠くを見るという時間のなかでの物事のとらえ方と生き方の知恵がある。木を見る、森を見るという見方の巨細の戒めがある。目を凝らす、見てみないふりは見ることの態度である。表面を見る、ということから、本質を見抜く、という見方の鋭さへの注意の喚起がある。夢か現《うつつ》かという見る脳の状態がある。対象の認識から、主体としてのあり方まで、どのように見るかということは生きていく上での要である。それがこの世界で上手に生きられるかそうでないかということの岐路になる。

それ故に、子供が叱られたり大人が難詰されたりするときの表現に、あんたの眼は節穴か、目をどこに着けてるんだ、目開いて寝てるような、という類のものがある。上品になってきた現在ではあまり発せられる言葉ではなくなってきているが、よく見るということは、よく生きる方法である。生活の基本として、抜け目なさという言葉があるが、これも全てを鋭くしっかり見るということを意味する。見て取る　見抜く　目を凝らすということは生活の態度になっている。つまり、見るということは、生活の根幹である。

一般に視覚の優越性ということが近代を特徴づけるものであるという言い方がなされるが、見るということは我が国ではこの世界で目に見える以上のことを掴み取ることと直接的に結び付けられてきたように思われる。そこでは、心の眼、という表現のように、視覚以上のことが求められてきたが、同時に直接何かに触れることの必要性、重要性も了解されてきた。われわれは何かに触れながら直覚的に掴み取って理解とする。具体に触れながら直ちに見て取るのである。これは大衆が昔から育んできた能力である。大衆は畑をたがやす、マキを割る、火をつける、道具を修理する、薬草を探す、力技をする、といった日常のあらゆる場面の中から、ものごとの在り様を見抜いて生きてきた。生活世界というものは、このようにして理解し営まれてきたのである。

おそらくこれが最初の転換点を迎えるのが明治である。明治の工業化の時代への適応が近代教育となったことは間違いない。原理や知識をあてはめて物事を理解するということが始まるのである。現場で現実を掴み取るという教育のありかたは、知についてプラトンに淵源する観念的な伝統の強かった西洋では正統ではないであろう。現場と実物を教育の基本に据えるペスタロッチの思想が明治の日本で導入されようとしたことは興味深い。アメリカ人マリオン・スコットは明治初期に我が国の公教育に、西洋では異端であったプラグマティズムの提唱者スイス人ペスタロッチの考え方を持ち込もうとした。それは教育において具体的なものを見せる触らせること、触って見抜かせることによる理解であった。しかし、実際には、実物を用いた授業という基本は、掛図授業という形に後退してしまったという。たしかに見ることには違いないが、見るということによって子供が自ら掴み取り発見するという要素は希薄化する。描かれたことを情報として吸収する以上のものはないのである。おそらく、その延長のもとに、初等・中等教育は筆記の勉強として、高等教育は翻訳と観念の学として展開された。(5)我が国の高等教育を受けた人々が帯びやすい観念的な思考というその病弊は、そこに由来するのではないか。だが、具体的に見て取るというやり方は、今日に至るまで、大衆の生活術として受け継がれてきた。

## 見ることの混沌

すでに触れたように、江戸時代において、見ることは実生活において、信仰と快楽の混合物であったという指摘がある。現代では、見ることは、実利と快楽の融合したこととなってきている。だが、生活のなかで実利を目的にみるという動機はある。そこでは見ることはいわゆる情報と結び付いている。

これに関連して、知識と情報の違いが様々に論じられてきた。「知識とは金にならないものであり、情報は金になるものである」という論者がいたが、あながち外れているわけではない。金かどうかは別として、目的を持った人間が生かそうとする知識は図書館で仕入れようが口コミであろうが、情報となるわけである。生活するということは、利益をはかったり損をさけたり、何かを成し遂げたり得たいという動機をともなうことが大きいので、その意味でわれわれは昔から情報を求めてきた。それは、直接的なことがらとしても、広い意味でも、見る、ということであった。大衆として生きるということは、このような意味で見ることの達人でなければならないということである。

近代になって、変化が激しくなり、物事が複雑になると、見なくてはならないことが多くなる。最初に、それを最もまとまった形で提供してくれたのが、新聞であった。一つの紙面に様々な記事をちりばめて、そのときの社会を〝見える化〟してくれるのである。全てが解説されているわけではない。見ることによって掴み取るということが行われる。フランスの万国博覧会に浅草寺の大提灯を出品したという話がある。ゴシップのようなものであるが、人々はここに日本と先進国の距離を見抜いたであろうし、様々な出来事の断片から物事のありようや時代を理解したのである。このような素材を見て感じ取り想像力を働かせるということは大衆の生活術であった。

消費社会に向かうなかで、広告も多彩となり、情報となり欲望を燃やす油になる。やがてネオンサインでの広告も広がり、ラジオでの情報提供も始まる。依然として新聞は最大の情報源であったが、コストがかかる割に、文字であるが故に情報としては限界があった。そこに映画が新登場してきたのだが、生活の情報源としては限られた役割しかもたなかった。

その意味では、第二次世界大戦後、昭和三〇年代に入って視覚と聴覚の複合メディアとして拡がり始めたテレビは、生活情報を根底から変えた。新聞の前で一日というとはなかったであろうが、テレビの前ではそれに近いことも起こる。テレビCMはその迫力において、情報である前に快楽であった。テレビは、情報と快楽の境界を融解させた。情報が娯楽と区別つかなくなり、それが今日のワイドショーへと結び付いてくる。情報がフラットとなり、権威ある情報筋というものが見えなくなる。ニュースショーでのコメンテータは、そのコメントが紋切型であったり的外れであったりすることを視聴者が見て楽しむ娯楽空間になっており、情報の評価に刺激と面白さが大きな要素となる。実際、テレビはその存在の基盤に視聴率を謳う。そして、ＮＨＫを別にすれば、その情報は娯楽化しながらタダになったのである。

# 5 タダミのスペクトル

## 無料の増殖

高度経済成長期に商品、施設、イベント、サービスが加速度的に増殖し始めた。さらにそれがテレビというバーチャルなサービスの提供と重なってくると、すでに混沌としていた、快楽と実利、情報と刺激、有料と無料という区分はなおさらに薄れたが、現在の生活ではさらに新しい局面に入った。成熟社会ということと結び付けて説明されることであるが、現代には新しい生活の感性が生まれ、これが見るということの可能性を新たな方向に拡張している。

見るということの以前からの対象に、わが国でフリーペーパーといわれている無料の雑誌がある。タウン誌のような地域メディアから、料理や趣味に特化したものまで、週刊、月刊で三、〇〇〇から四、〇〇〇誌程度があり、年間の総発行部数は二億冊とも三億冊ともいわれている。広告をベースとして無料でレストランの店頭においたりポスティングしたりする配布がほとんどである。あまりに種類が多いので、そのいくつもの雑誌をインターネットで検索してクリップできるサイトが生まれている。動物愛護から環境保護、聴導犬などわが国に一〇万以上ともいわれる非営利団体を誕生させている人がいる現象と共通する社会的背景をもっている。実際、フリーペーパー自体を領域とする非営利団体自体も存在する。ミクロの地域や趣味などの多様化への傾向のもとで増殖してきたフリーペーパーでは、マス媒体の雑誌と異なる深く特別な情報を見ることができ、自分の生活の掘り下げや拡張に結び付けることができる。

見るものと見る態度の変化は、観光においても見られる。大衆の生活において見ることの多くは娯楽として金をはらうものであったが、これが変質している。定型化されてきた、金を払うものと異なるものを価値あるものとする意識が生まれている。その変化はすでに二〇世紀末に始まっていた。瀬戸内海にかけられる大橋のような公共工事を見たがる人々が増えたが、今世紀に入ってのスカイツリーの建設工事でも見物人がとぎれなかった。これは、まさに今何かが生み出されているということを見たいという感覚、今に生きていることの実感を求めることであろう。また、これは新しい技術によって何かが生み出されるということの実物の学習でもあった。

商業施設はファクトリーアウトレットや大型商業施設などの業態の創出から新しいデザインや

店舗の工夫まで、客を引き付けようとするが、次々に新しいものが誕生することによって流行になるという以前に話題から消え、大衆は好奇心と情熱を発揮しながら常に見る対象を変え続ける。

他方で、廃墟探訪というものが拡がってきた。とりわけ、鉄道の廃線、建設途上で放置されたトンネル、廃工場、などに加え、最近では、廃業した病院やホテルもあって、特殊な観光拠点となっている。自動車の普及があって、地理的障害を克服でき、さらに、自分だけの手作りのタダの観光が生活の延長に実現できるのである。自動車の生活への浸透による距離の克服がタダミの可能性を広げる。

もちろん、川越のように時代に取り残された蔵造りや横浜赤レンガ倉庫のように古いものの珍しさや情緒を生かして大衆が見ることを商売に結び付けることも拡がっている。手作業や古めかしい機械工具の現場を見学のツアーとすることも見られる。だが、大衆にとって無料の楽しみはビジネスの思惑とは別に生活の延長にいたるところに誕生している。これと重なって、商業施設で何かを買うということも自明のことではなくなってきた。

値段で手がとどかなかった見ることが、タダで、しかも自分の感覚や要求に沿って手に入れられるということは、レンタル、リースの発達が下地を作った。レコードレンタルのパイオニアチエーンの創業者は、若い人にはとても手が出ない高価なレコードをレンタルにして誰もが音楽を楽しめるようにしたことを自負しながら、でも、一生懸命買ったレコードに針を落とすときのわくわくした気持ちをなくすことになったのかも知れないとつぶやいた。しかし、音楽だけでなく、レンタルで好きに映像を見られるようになるということは、大衆が生活を自分の好みのものとしてまとめ上げるという新しい可能性を生み出しもしたのである。小さな主人公の世界が生まれている。モノを買うことと生活の充実を結び付けるということは、生活の多様化の流れによって弱まり、見るという行動においても次々とタダで開かれる世界に自在にアクセスすることが、生活に彩りを与えるようになったわけである。

# 6 インターネットの諸相

## ポータルサイト

現在のメディアについての幾つかの生活調査によると、過去数十年、テレビを見る時間は一日平均二、三時間というところであり、情報源としても娯楽としてもテレビは最も依存度の高いメディアだという結果になっている。(6) 急速に生活の時間に浸透するインターネットについては、情報源としてよりも、娯楽・趣味として利用される傾向があるとも報告されている。そのいずれも大衆にとってはタダミ世界を充実させる方途となっているのであるが、テレビは見るものとしての地位を相対的に後退させてきている。なによりも、インターネットは、いつでもどこでも、或いはそれと反対のこととして自分の城に立てこもって、生活時間を満たす可能性を大きくしている。

パソコンが素人の手に届く装置となったのは、ウィンドウズでいえば98くらいからと考えられるが、インターネットが自分の生活に持つ意味合いが、大衆にはっきりとわかるようになったのは、今世紀にはいってのことであろう。これは、技術進歩による情報量、速度の向上、サイトやサービスの多様性が生まれ、それを享受しようとする大衆が増加するという循環によって加速度化した。

インターネットを利用するとは、サイトを利用することと同じといってよい。サイトは多様である。大衆がその多様性を生かすとは、サイトを利用して専らタダで広がる様々な生活の価値開拓を行うことである。

ある意味で生活のすべてを見ることによって行うことが可能となった出発点は、何よりもインターネットのポータルサイトによってである。小売業において百貨店以来、ワンストップショッピングが行われるようになったが、これは買うことにおいてのみであった。スーパーも、見るということでは変化が乏しい。見ることは飽きることを伴う。コンビニの力は、飽きを先回りすることにあるが、店舗は本来的に変わりにくい。新聞はすべての情報を見せてくれるが、情報のみであり、また新奇情報としてのシズル感は得られない。テレビは情報と娯楽、そして若干のショッピングの場となったが、放送がなされている瞬間においてだけのことであった。カタログ通販は、そのカタログの中で情報を与えられるにすぎなかった。この点でインターネットは初めて変化と多様性をそのままに見ることを可能にしたのである。

ポータルサイトにはそうしたすべてを宿しており、その点を進化させてますますさらに質の違った様々なものを提供してくれるようになっている。見ることを通じてすべてがあるだけでなく、それぞれの好みに合った形で拾い上げて事実上、好みの生活環境を創り上げることができる。

ポータルサイト、いわゆる総合サイトとして日本で最も利用者の多いものは、ヤフーであり、二〇一四年度について、訪問回数いわゆるページビューはトップページで月間平均五八億三千万回、検索ページでも五七億八千万回、ニュースで四三億八千万回、天気で五億五千万回、メールで二〇億四千万回という訪問回数が公表されている。もう少し具体的なジャンルでは、ビューティーというコスメなど美容に関する部門では一千四七〇万回、ペットでは三九四万回となる。

ニュースの目次がピックアウトされているトップページでは、まず、基本メニューが提示されており、ついで、関心と興味のあるカテゴリーで深く入っていける。様々なニュースソースにリンクがはってあるので、テレビニュースの動画でのつまみ食いから専門雑誌やブログでの専門家のコメントまで普通では見ることができないものが自分でパーケージにできる。ついでに、トピックスによって意識調査に投票することも、それに対する人々のコメントもみることができる。何か商品が気になれば、ショッピング画面に移り、商品の検索をかけ、価格を比較し、ユーザーの商品と店に対する評価も見て買うこともできるし、オークションで市販品からコレクション品までを眺めて入札することも可能である。天気が気になれば、三時間ごとの地域の情報もあれば一週間先の出張先の天気も確認できる。気になることは、検索して様々なサイトに飛んで調べることになるし、だれかに聞きたいことがあれば、ヤフー知恵袋で聞くこともできる。もちろん、メールも可能でしかも何年も前のメールの内容の記録も確認できる。

要するに、画面を見てクリックするだけで情報と娯楽の両面で生活ができてしまうのである。こうしたすべてを既存の情報源や事業者から手に入れようとすれば膨大な手間と時間、ようするにコストが求められるであろうし、何よりも、リアルタイムで必要な情報を手に入れることは不可能である。

全ての分野が目的の情報を提供する基本をとっているが、定型化したクリックをしているうちに、そのカテゴリーのリンクから面白さの世界へと逸脱することが生じる。ニュースでもしりとりのようにトピックスをクリックしているうちに、面白さの森に入ることになる。大衆の好奇心のエネルギーがバーチャルな情報探索のエネルギーを与え、情報の世界は楽しさも怖いものみたさに重なっていく。もちろん、利用者は画面やクリックでの広告と引き換えに見るわけであるが、おそらく画面から得られるものに感じる価値の方が圧倒的に大きいということで無料で手に入れる自分の好みの世界なのである。

天気を調べる、時刻表を見る、さらには買い物、映画やゲームといった実際的な目的のサイトとして機能させながら、深入りしたり横道に入って自分の楽しみの世界ともなり、現代の生活時間を複雑な意識で満たせるところが、このサイトに人が集まる理由となっている。

## マニアックとコレクション

生活のなかの調べるという行為も、インターネットでは見ることとの多義性があらわれてくる。これは常に逸脱と発見と重なりあっている。例えば、買うということについて、インターネットでは画面で商品を徹底的にチェックできるということが大きな長所とされる。そうしたインターネットでの買い物について、大学院生が会社員二人に実際のインターネットでの場面を確認した現場的な研究をつぶさに確認する機会があった。インターネットの目的がパソコン用バッグを買うこととして決まっていても、楽天やヤフーのショッピング画面を縦横にチェックするうちに商品をめぐって様々な側面からの理解を得ることになり、さらにいくつかの専門用語やトピックスをウィキペディアで調べて認識を深め、結局買わないという結果になった。結局バッグは、インターネットで得た理解をもとに、後日、実際の店舗で買うことで終わったのである。インターネットを見ることは、そこで買うという目的からそれて学ぶということをもたらし、それが最終的に実際の店舗で買うということになったが、インターネットで、様々な情報を得られ学習できることが無料の楽しみにつながっているのである。

インターネットではさらに多種多様なサイトと情報自体を渉猟することができ、自分の嗜好に沿った世界に入り込める。入口はとりたてて自分固有の世界と関係なくても、リンクをたどると必然的に一つの好みや関心のベクトルになる。ポータルサイトはその出発点であるが、この種のサイトは、ある程度の傾向をもっている。例えば、多くの人にとってメールのサイトであり、検索サイトとしても使われ始めたＡＯＬもポータルサイトであるが、そこでのニュースは、日本版においてもハリウッドの女優のファッションやハイテク商品、あるいは現代アートのトピックスへと、ややエキセントリックな感覚の世界に人を連れていくことになる。

グーグルもポータルサイトとなっているが、検索サイトとして出発しており、調べるということの延長に様々なサービスがつけられている。実用目的で生活の道具となっていることも多いグーグルマップには、ストリートビューがあり、最近多くなっている泥棒の下見という目的は別として、普通の人々には実際の必要が好奇心や覗きの面白さと融合している。世界大でのストリートビューというべきグーグルアースも観光案内と好奇心の境界をいったりきたりする世界であり、さらに宇宙的な画像そのものが一つのワンダーランド感覚を得る場となっている。検索の基本の一つであるグーグルイメージは、関心のあるトピックスの膨大な画像を陳列してリンクさせており、それを通じて、過激な動物保護団体や古城専門ブログから医院の病気解説サイト、さらには奇怪な趣味のブログにまで深入りすることが可能である。

専門サイトは、その本領として豊かな拡がりと深さがあるので、詳細な情報を確認でき、好奇心、知識欲を満たしてくれる。気象サイトをとりあげると、ヤフー天気などにもきめの細かい多種のカテゴリーでの情報提供があるが、気象庁サイトは上空気流など高度な情報をリアルタイムのビジュアルとして提供して生活の実用を超えるが、こうした専門サイトを重ね合わせると、インターネットゆえの情報提供のかたちによって気象学という知の世界を生活の時間につくりだすことができる。例えば、雨雲レーダーの動画情報は、気象庁と東京都下水局のサイトでの提供の仕方と異なっており、それぞれの違った情報を掴んで立体的な理解を得ることになる。さらに、インターネットで生活の実用を超えて日本全国の気象を眺めることと、テレビの天気予報のなかの季節を感じさせるレポートと重ねあわせることもできる。

サイトにはきわめて質の高いものがあるが、必ずしも知られていない。つまりインターネットには未開拓の生活領域が多くあるであろうということである。例えば、医療ではどの多くのポータルサイトもそれぞれに家庭の医学というカテゴリーを設けるが、アメリカのメルク社が提供する「メルクマニュアル医学百科」は、医者のための専門的で高度なものと家庭を対象とするものの二つのバージョンが翻訳されてオンラインで無料で提供されている。こうした領域のサイトも、実用的であるとともに好奇心と知識への欲求を満たす。病気の画像をグーグルで画像検索するうちに、人体図鑑に入り込み、新たな知識の世界に向かうことにもなる。

近年のインターネット通信技術の発展とパソコンの性能の向上によって、生活のなかで、動画を利用することも容易になった。二〇年前に〇・五ギガであったパソコンの情報処理能力は今では四ギガ以上となった。これを背景に発展したユーチューブは商品販売サイトでもその実演を見せるといった用途で用いられるが、われわれはその映像を情報や楽しみで見るようになった。

音楽や映画のプロモーションという単なる新作情報や流行についてのものも多いが、検索によって深い専門や趣味の分野を降りることができ、木の塗装の仕方や調理の仕方やコツという書籍では伝わらないものや普通では知ることのない出来事が素人、玄人によって膨大に動画として提供されたものをわかりやすいかたちで享受できる。大衆にとってユーチューブを無料でみられるコストは、画面に現れる広告であるが、われわれにとってはコストよりメリットが大きいから利用が拡がるということである。

# 7 見る生活の条件

## ●エディターシップの実践

結局のところ、現在の見る生活の底流となることは、実利と快楽である。これは少なくとも江戸の昔からのわれわれの生活の本質である。見ることは、明治このかた、社会の変化と発展、技術革新によって肥大化してきており、われわれはそれをとらえて生活の混沌とした欲求を満たしてきたということである。

すでに述べたように、これが質的に大きく変化したのは昭和三〇年代においてテレビが家庭に浸透し始めてのことである。見るということが生活の時間にこれほど大きくなったということと、それが映像というバーチャルなものとしてのものであったことによる。他方で、新しい商業施設を訪れるということのように日常生活において身体的に見るということも拡大した。つまりわれわれの見ることは、映像を脳髄で見ることと身体を使って現場を見ることの二つの次元で拡がったといえるであろう。

とりわけ、インターネットはそうした生活においての見るということのあり方を大きく変化させるものであった。テレビをビデオで、最近ではＤＶＤで記録するということは行われるが、これはテレビ番組欄のお仕着せを受け入れるということである。それに対して、インターネットで提供されるものは非常に多種多様なので、これを能動的に編集して自分のものとして組み立てることが出来る。例えば、ＪＴＢのように旅行情報を必要なページだけバラとして、有料で個人が編集するものとして提供するようになる試みもみられる。人々にとってインターネットで得られる最も大きな可能性は、こうした自己による情報の編集である。

同じように、色々なサイトから無料で膨大に提供されているものをダウンロードして、自分を中心に様々な素材を組み合わせることができる。ダウンロードが不可能でも、サイトをお気に入りとすることで、自分にとっての情報の池を築くことは最も基本的な編集といえる。最近では、気に入りのサイトやブログを自分が編集したページとしてまとめて公開できるサービスも開始された。

これは、インターネットにおいて見るということが見せるということへと拡がってきたことを示している。すでに、ピンタレストというサイトは、様々なサイトへのリンクから気に入りの画像をクリップするとともに自分が用意した画像を一緒に提示しておく場を無料で提供して成長している。こうした生活の場において、人々のそれぞれの動機にそった編集を助け促進するという動きも、インターネットから得ることができるようになってきた。

個人が無料で何かを見せるということは、ブログのようなものからユーチューブの投稿で見られてきたことだが、それがますます多様な形で実現できるようになったのである。インターネットの情報を切り取って、あるいは断片として渦巻く情報を編集することによる情報の高度化や楽しみを得るには、情報の背景と質を見抜く経験が前提となり、さらに自分の好みや世界への志向があることが条件となる。

## ❖─●リテラシーの発揮

クックパッドのユーザーである主婦が、「ヤフー知恵袋」で問いかけていた。夫に、料理が「クックパッドばかり」といわれたということだ。何人もが答えていたが、その中に、「定番のような基本が求められているのではないですか、素人の新奇なメニューが多いクックパッドはあくまでそのようなエクストラのものと見るべきではないでしょうか」という主旨の成熟を感じさせる答えがあった。クックパッドには奇を衒ったような料理やランキング入りだけを目的としたようなものも多いようだ。ここには、クックパッドのようなインターネット情報をどのように受け取るべきか、というメディア・リテラシーの問題がある。だが、これは情報の分析や理解ということそのものによって解決されることではない。結局のところ、自分の生活をどのようなものとして設定するかという認識や、生活や物事のバランスをどのように取るかという能力に帰着するのである。この点では、これはインターネットであろうと、実体でのことであろうと、有料であろうと無料であろうと、情報が渦巻く中であらためて生活の基本が求められることを示している。

## ❖——●見ることのリスクマネジメント

人は見ることが重要であり、見ることが好きである。したがって、いかによく見るかということは、生活の可能性を拡げるものである。特に現代においては見るということは様々な方向に拡がっており、そのなかで無料での生活をどんどん豊かなものとすることができるようになってきた。しかし、いわばタダミの生活術を展開するには、ある種のリスクも考えることが必要だろう。

もっとも直接的なリスクは、インターネットを見ることのリスクである。一つはセキュリティに伴うもので、様々な詐欺から登録での個人情報の漏えい、あるいはカード情報の流出がある。これはいわゆるセキュリティ対策によってかなりの部分対処できる。しかしながら、生活においてインターネットがあまりに肥大化するということの問題は瀰漫《びまん》的であって生活そのものに負の側面を持つかもしれない。いわゆる依存症に陥っている人が一定数いることは間違いない。他方、居ながらにして、という生活においてのインターネットの一種の万能性は、生活の質につての問題を含む可能性がある。自分の流儀で、なるべく無料で生活を送るということを求めたはずが、実際にはインターネットという情報世界に生活を喪失して、本来の大衆の生活文化のもつ豊かさを失うことにもなる。

## 8 おわりに

大衆の生活において情報であれ快楽であれ、その基本となる見ることの重要性は昔から変わらない。花見から月見という自然との向かい合いは共視として人々に共有されて生活文化の基調を創りあげてきた。世の中で何かを見て情報と楽しみを得るということは、生活の強さと能力を獲得するとともに情動的な生きる喜びの根源であった。社会経済の発展に伴う新技術をまのあたりにし、新奇商品に不断に接触し、流行を眺め、予想もつかなかった事物を見るということは、見ることの可能性を多面的に拡げた。見ることがもたらすことは、情報や楽しみを超えた個人の深い世界の開拓や知の喜びまでを包摂するものとなり、また、それを無料という形で享受する可能性を大きくなった。

様々なものを無料で見るということは、テレビの登場によって最初の転換点を迎えた。コマーシャルも無料で見るものとしてしまって買わないということは大衆のたくましさ、抜け目なさとして語られるのではあるが、その分、生活時間がバーチャルとなっていることは変わらない。インターネットは、そのバーチャルな世界に多様性と選択をもたらした。無料の情報にたいしたものはないという言い方もなりたつが、極めて膨大なサイトとその情報は、それをうまく見ることによって数少ない情報源に依存するのとは次元のことなった実用と楽しみをもたらしてくれるといってよい。

しかし、われわれが生活するということは、本来身体的に世界と向かい合うことであるということであり、そのバランスをとるということが生活術として不可欠であろう。

## 注

（1）『芸術新潮』一九九一年一〇八号、新潮社。

（2）西山監修、高橋編［一九八七］五頁。

（3）小西・岡構成［二〇〇五］。
（4）新田・田中・小山［二〇〇三］四―五頁。
（5）影山［一九九九］。
（6）NHK放送文化研究所編［二〇一一］。

ヒース，ジョセフ＆ポター，アンドルー（栗原百代訳）［2014］『反逆の神話―カウンターカルチャーはいかにして消費文化になったか―』NTT 出版。

フラウエンフェルダー，マーク（金井哲夫訳）［2011］『Made by Hand―ポンコツ DIY で自分を取り戻す―』オライリージャパン。

マクルーハン，マーシャル（後藤和彦・高儀進訳）［1967］『人間拡張の原理―メディアの理解―』竹内書店。

リフキン，ジェレミー（渡辺康雄訳）［2001］『エイジ・オブ・アクセス―アクセスの時代―』集英社。

レルフ，エドワード（高野岳彦・石山美也子訳）［1999］『場所の現象学―没場所性を越えて―』筑摩書房。


（第 7 章）

安藤百福［1983］『奇想天外の発想』講談社。

NHK 放送文化研究所編［2011］『日本人の生活時間・2010―NHK 国民生活時間調査―』NHK 出版。

影山　昇［1999］「明治前期のペスタロッチー主義教育―大正自由教育の原点―」『成城文芸』第 167号，pp.21-44.

加藤秀俊［1990］『「見物」の精神』PHP 研究所。

川添　裕［2000］『江戸の見世物』岩波書店。

北山修編［2005］『共視論』講談社。

小西四朗・岡秀行構成［2005］『百年前の日本―モースコレクション（写真編）―』小学館。

篠田鉱造［1996］『明治百話（上・下）』岩波文庫。

スターン，ダニエル（小此木啓吾・丸田俊彦監訳）［1989］『乳児の対人世界理論編』岩崎学術出版社。

西山松之助監修，高橋雅夫編［1987］『図説 大江戸の賑わい』河出書房新社。

新田太郎・田中裕二・小山周子［2003］『図説 東京流行生活』河出書房新社。

中江克己［2007］『お江戸の意外な商売事情』PHP 文庫。

ボッツマン，レイチェル＆ロジャース，ルー（関美和訳）［2010］『シェア〈共有〉からビジネスを生み出す新戦略』NHK 出版。

三浦　展［2011］『これからの日本のために「シェア」の話をしよう』NHK 出版。

三浦展・日本シェアハウス協会［2014］『これからのシェアハウスビジネス』住宅新報社。

リフキン，ジェレミー（渡辺康雄訳）［2001］『エイジ・オブ・アクセス』集英社。


（第 6 章）

アンダーソン，クリス（関美和訳）［2012］『MAKERS―21 世紀の産業革命が始まる―』NHK 出版。

ガーシェンフェルド，ニール（糸川洋訳）［2012］『Fab―パーソナルコンピュータからパーソナルファブリケーションへ―』オライリージャパン。

ガーズマ，ジョン＆ダントニオ，マイケル（有賀裕子訳）［2011］『スペンド・シフト―希望をもたらす消費―』プレジデント社。

小関智弘［2002］『大森界隈職人往来』岩波書店。

ゴッフマン，アーヴィング（石黒毅訳）［1974］『行為と演技―日常生活における自己呈示―』誠信書房。

白洲正子［2013］『ものを創る』新潮社。

ジェームズ，ウィリアム（桝田啓三郎訳）［1957］『プラグマティズム』岩波書店。

社団法人日本 DIY 協会 20 年の歩み編集委員会［2000］『社団法人日本 DIY 協会 20 年の歩み』一般社団法人日本ドゥ・イット・ユアセルフ協会。

セン，アマルティア（池本幸生訳）［2011］『正義のアイディア』明石書店。

チクセントミハイ，ミハイ（今村浩明訳）［1996］『フロー体験―喜びの現象学―』世界思想社。

角田忠信［1978］『日本人の脳―脳の働きと東西の文化―』大修館書店。

傳田光洋［2013］『皮膚感覚と人間のこころ』新潮社。

トフラー，アルビン（徳岡孝夫監訳）［1982］『第三の波』中央公論新社。

西岡常一［2003］『木に学べ―法隆寺・薬師寺の美―』小学館。

日本経済新聞産業消費研究所編［2000］『ニューフィフティーズ市場を拓く』日本経済新聞社。

ハッチ，マーク（金井哲夫訳）［2014］『Maker ムーブメント宣言―草の根からイノベーションを生む 9 つのルール―』オライリージャパン。

マイレージの最新動向　―法制度と不況が促進させる構造変化―』3月25日。

野村総合研究所［2009］第116回NRIメディアフォーラム『電子マネーの利用実態と最新動向』9月1日。

橋本尚・山田善隆［2009］『IFRS会計学基本テキスト』中央経済社。

「激変！ポイント・カード＆電子マネー経済」『週刊ダイヤモンド』(2008年7月12日号)。

「まるわかりIFRS完全保存版」『週刊ダイヤモンド臨時増刊』(2009年10月30日号)。

「ポイントバブル崩壊前夜」『日経ビジネス』(2010年2月1日号)。

「間違いだらけのポイント戦略」『月刊マーチャンダイジング』(2010年9月号)。


(第4章)

アンダーソン，クリス（篠森ゆりこ訳）［2006］『ロングテール―「売れない商品」を宝の山に変える新戦略―』早川書房。

ウォレス，パトリシア（川浦康至・貝塚泉訳）［2001］『インターネットの心理学』NTT出版。

梅田望夫［2006］『ウェブ進化論―本当の大変化はこれから始まる―』筑摩書房。

カー，ニコラス（篠儀直子訳）［2010］『ネット・バカ―インターネットがわたしたちの脳にしていること―』青土社。

佐藤研司編著［2006］『ネットワーク・イノベーションとマーケティング』晃洋書房。

土居健郎［2007］『甘えの構造』弘文堂。

ブアスティン，ダニエル（木原武一訳）［1976］『アメリカ人―大量消費社会の生活と文化（下）―』河出書房新社。

松原岩五郎［1988］『最暗黒の東京』岩波書店。

モース，マルセル（吉田禎吾・江川純一訳）［2009］『贈与論』筑摩書房。

リッツァ，ジョージ（正岡寛司訳）［1999］『マクドナルド化する社会』早稲田大学出版。

リッデルストラレ，ヨーナス＆ノードストレム，シェル（須田泰成・中山ゆーじん訳）［2001］『ファンキービジネス』博報堂。

レルフ，エドワード（高野岳彦・石山美也子訳）［1999］『場所の現象学―没場所性を越えて―』筑摩書房。


(第5章)

ガンスキー，リサ（実川元子訳）［2011］『メッシュ すべてのビジネスは〈シェア〉になる』徳間書店。

Molesworth, Melanie［1998］*Junk Style*, Ryland Peters & Small.
リフキン，ジェレミー（渡辺康雄訳）［2001］『エイジ・オブ・アクセス―アクセスの時代―』集英社。
『芸術新潮』1991年 08号 新潮社。

（第2章）

ウィリアムズ，レイモンド［2002］『完訳キーワード辞典』平凡社。

環境省［2013］「平成24年度使用済製品等のリユース促進事業研究会報告書」〈http://www/env.go.jp/recycle/circul/reuse〉

喜田川守貞［1996］『近世風俗史（1）（守貞謾稿）』（宇佐美英機校訂）、岩波文庫。

田村正紀［2011］『消費者の歴史』千倉書房。

中江克己［2007］『お江戸の意外な商売事情』PHP文庫。

永江　朗［2014］『「本が売れない」というけれど』ポプラ社。

ボッツマン，レイチェル＆ロジャース，ルー（関美和訳）［2010］『シェア〈共有〉からビジネスを生みだす新戦略』NHK出版。

リサイクル通信編［2014］『中古ビジネスデータブック2014』リフォーム産業新聞社。

リサイクル通信編［2015］『中古ビジネスデータブック2015』リフォーム産業新聞社。


（第3章）

アリエリー，ダン（熊谷淳子訳）［2008］『予想どおりに不合理』早川書房。

五十嵐勝彦［2010年］『IFRS及びIASの解説 第23回 IFRIC解釈指針第13号』「会計・監査ジャーナル No.661」8月。

伊藤亜紀［2010］『電子マネー革命』講談社現代新書。

岩村　充［2011］『貨幣進化論』新潮選書。

金融庁金融研究研修センター「決済に関する研究会」［2007］『決済に関する論点の中間的な整理について』12月18日座長メモ。

経済産業省［2008］『企業ポイントに関する消費者保護のあり方（ガイドライン）』12月。

経済産業省［2009］『企業ポイントの法的性質と消費者保護のあり方に関する研究会報告書』1月。

清水良郎［2007］「顧客囲い込みマーケティングの死角」『名古屋学院大学論集社会科学篇』第44巻第2号。

野村総合研究所［2006］『2010年の企業通貨』東洋経済新報社。

野村総合研究所［2008］『企業通貨マーケティング』東洋経済新報社
野村総合研究所［2008］第103回NRIメディアフォーラム『ポイント・

# 〈参考文献〉

（第 1 章）

インゴルド，ティム（工藤晋訳）［2014］『ラインズ―線の文化史―』左右社。

エーレンライク，バーバラ（曽田和子訳）［2006］『ニッケル・アンド・ダイムド―アメリカ下流社会の現実―』東洋経済新報社。

Kirzner, Israel［1989］*Discovery, Capitalism, and Distributive Justive*, Basil Blackwell Inc..

カー，クラーク＆ダンロップ，ジョンほか著（川田寿訳）［1963］『インダストリアリズム―工業化における経営者と労働―』東洋経済新報社。

クラインマン，アーサー（江口重幸訳）［1996］『病いの語り―慢性の病いをめぐる臨床人類学―』誠信書房。

セン，アマルティア（池本幸生訳）［2011］『正義のアイディア』明石書店。

ド・セルトー，ミシェル（山田登世子訳）［1987］『日常的実践のポイエティーク』国文社。

ピケティ，トマ（山形浩生ほか訳）［2014］『21 世紀の資本』みすず書房。

外山滋比古［1994］『エディターシップ』みすず書房。

バーガー，ピーター＆ルックマン，トーマス（山口節郎訳）［1977］『現実の社会的構成―知識社会学論考―』新曜社。

バウマン，ジグムント（奥井智之訳）［1993］『社会学の考え方―日常生活の成り立ちを探る―』HBJ 出版局。

バタイユ，ジョルジュ（生田耕作訳）［1973］『呪われた部分』二見書房。

ヒース，ジョセフ＆ポター，アンドルー（栗原百代訳）［2014］『反逆の神話―カウンターカルチャーはいかにして消費文化になったか―』NTT 出版。

ホール，エドワード（宇波彰訳）［1983］『文化としての時間』TBS ブリタニカ。

ナジタ，テツオ（五十嵐暁郎監訳、福井昌子訳）［2015］『相互扶助の経済―無尽講・報徳の民衆思想史―』みすず書房。

新田太郎・田中裕二・小山周子［2003］『図説東京流行生活』河出書房新社。

日本生活学会編、川添登・一番ヶ瀬康子監修［1999］『生活学事典』阪急コミュニケーションズ。

松原岩五郎［1988］『最暗黒の東京』岩波書店。

## 執筆者紹介

（執筆順）


第１章

○ 熊沢　　孝　　大東文化大学経営学部教授

第２章

○ 森山　一郎　　静岡文化芸術大学文化政策学部准教授

第３章

○ 榊原　健郎　　ライオン商事株式会社代表取締役社長
学習院大学経済学部　非常勤講師

第４章

○ 井口　理恵　　株式会社マーケティングサイエンス研究所
研究員

第５章

○ 森山　一郎　　同　上

第６章

○ 井口　理恵　　同　上

第７章

○ 熊沢　　孝　　同　上

［編著者紹介］

**熊沢　孝**（くまざわ・たかし）

早稲田大学商学部卒。早稲田大学大学院商学研究科博士課程単位取得満期退学。銀行、研究機関、千葉商科大学教授等を経て現在、大東文化大学経営学部教授。消費調査、マーケティング、経営戦略などを専門とし、著書に、『ロングセラーに帰る消費者たち』、『消費社会再生の条件』（ともに、ダイヤモンド社）、『海外企業のマーケティング』（共著、同文舘出版）などがある。



《検印省略》

平成27年7月1日　初版発行　　略称：消費変質

消費変質：エディターシップ時代の到来

編著者　熊　沢　　孝

発行者　中　島　治　久

発行所　同文舘出版株式会社

東京都千代田区神田神保町1-41　〒101-0051

電話 営業(03)3294-1801　編集(03)3294-1803

振替 00100-8-42935　http://www.dobunkan.co.jp





印刷・製本：萩原印刷

Printed in Japan 2015

ISBN 978-4-495-64761-2